U0053313

[ⓔlife]

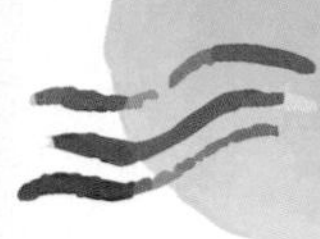

養出孩子的正向力：

從心教養，破解親子問題

王淑俐——著

三民書局

叢書出版緣起

現代人處在緊張、繁忙的生活步調中，在承受過度心理壓力而不自知的情況下，逐漸形成生理與心理疾病，例如憂鬱、躁鬱、失眠等，這種種的問題，不僅呈現在個人的身心層面，更可能演變成為家庭破碎的悲劇，甚至耗費莫大的社會成本。我們從近年來發生的自殺、家暴、卡債族、失業問題等種種新聞中，不難發現問題的嚴重性，這些可能正發生在你我身邊的真實生命故事，也讓許多人不禁發出「我們的社會究竟怎麼了」的喟嘆！

面對著一個個受苦而無助的靈魂，我們能夠為他們做些什麼？而身為對社會具有責任的文化出版者，我們又能為社會做些什麼？這一連串的觀察與思考，促使我們更深刻地反省，並澄清我們的意念，釐清我們想帶給社會一些什麼樣的東西，讓臺灣的社會，朝向一個更美好、更有希望，及更理想的未來。以此為基礎，我們企畫了【LIFE】系列叢書，邀集在心理學、醫學、輔導、教育、社工等各領域中學有專精的專家學者，共同為社會盡一分心力，提供社會大眾以更嶄新的眼光、更深層的思考，重新認識自己並關懷他人，進而發現生命的價值，肯定生命的可貴。

要解決問題，必須先面對問題、瞭解問題，更要能超越問題。從這個角度出發，【LIFE】系列叢書透過「預防性」與「治療性」兩種角度，對現代人所遭遇的心理與現實困境，提出最專業的協助，給予最真心的支持。跳脫一般市面上的心理勵志書籍、或一般讀物所宣稱「神奇」、「速成」的效用，本叢書重視知識的可信度與嚴謹性，並強調文字的易讀性與親切感，除了使讀者獲得正確的知識，更期待能轉化知識為正向、積極的生活行動力。

值得一提的是，參與寫作的每位學者，不僅在學界與實務界學有專精，最令人感動的是，在邀稿過程中，他們與三民同樣抱持著對人類社會的理想與熱情，不計較稿酬的多少，願對人們的身心安頓進行關照，共同發心為臺灣社會來打拼。我們深切地期望三民【LIFE】系列叢書，能成為現代人的心靈良伴，讓我們透過閱讀，擁有更健康、更美好的人生。

三民書局編輯部　謹識

自序

二〇〇四年初，我的單親爸爸離開了人間；但在我的心中，他的影像卻越來越鮮明。我一直想把他對子女的教育技巧分享給大家，一方面是回饋爸爸的撫養之恩，另一方面也呈現自己在教育上的領悟。

一般人往往只看到教育成果，不太注意教育的過程；其實過程中的細節，才是最重要的。教育改革不容易成功，就因為只談目標，卻不知真實的意義，所以找不到達成目標的途徑。

例如十二年國教課綱的核心理念是「自發、互動、共好」，從教育部的綱要來看：

1. 自發：引發學生學習動機與熱情，學生是自發主動的學習者。
2. 互動：引導學生妥善開展與自我、與他人、與社會、與自然的各種互動能力。
3. 共好：協助學生應用及實踐所學，願意致力社會、自然與文化的永續發展，共同謀求彼此的互惠與共好。

但，每位老師真的懂得其中的涵義，真能引發或協助學生達到目標、化為行動、培養習慣嗎？

以自發來說，「如何」讓孩子成為自發主動的學習者？如果認為「自發」是天生的特質，就不需要後天的教化了。我自己以前也犯類似的錯誤，只要求學生及子女要「自動自發」，當他們做不到時就只會生氣（且越來越生氣），卻拿不出辦法來幫他們轉變。

我的爸爸也會生氣，但更會想辦法，尤其是「因材施教」。因為每個孩子的狀況不同，方法當然各異，達成目標所需的時間也有頗大差距。

韓非子說：「下君盡己之能，中君盡人之力，上君盡人之智。」最差的領導者只靠自己做事、事必躬親，不僅不信任別人，也不願或不能引發或培養下屬的才能。中等的領袖雖能指揮調度，但下屬會依賴上司，也無法真正承擔責任、解決問題。最厲害的領導者能信任別人，激發其動機與熱情，讓他想盡辦法以達成目標，甚至表現得超乎想像、物超所值。

我一直只是個認真苦讀的孩子，但充滿自信、勇往直前，就是因為爸爸對我的信任。我的運氣很好，遇到過好幾位善於激勵的老師、學長及好友，所以能「傻傻地」相信自己有能力達成偉大的目標。

教養孩子有多困難？即使是雙薪家庭，也會面臨錢的問題以及時間與體力不夠分配（或分配不均），何況是單親或隔代教養？做父母的身心俱疲、心煩氣躁時，一旦情緒失控或遷怒於孩子，往往「最愛的人傷我最深」，對孩子所造成的負面影響常難以估計。

父母有必要「徹底學習」教育與溝通之道，不能「只知其然，不知其所以然」。「知之為知之，不知為不知，是知也」。這本書也希望喚醒更多人（如老師、老闆與社會福利機構），一起來幫助父母與家庭。使目前少子化情況下，「一個也不能少」，讓每個孩子能夠「被愛」（理性的愛而非溺愛）。

王淑俐

第三篇　孩子不懂事，怎麼教？

第四篇　不只孩子要長大，父母也要

第一篇

看見親職的曙光

1

破除教養盲點

1
調皮搗蛋，唉！又要跟老師面談了
又跟人打架
2
啊！又沒寫功課，還說謊！
你是不是又代替我簽聯絡簿？
3
雖然教養工作很難做
還是多查一點教育的資料吧！
Z
4
但我相信你很善良，我要完全接納你！
一起去打籃球吧！

「想成為」好父母和「是個」好父母之間，有著頗大的差距。想像只是目標，實踐卻可能處處受阻。例如看到別人的兒女很優秀，固然羨慕卻不知從何下手。直接模仿則「畫虎畫皮難畫骨」，如同養花，若光照、水分、施肥等條件不足，盛開的花朵「移植」後，仍可能枯萎而死。

教養成功或失敗，並沒有相同的面貌。不少教養成功的表象，可能隱藏失敗的真相。反之，目前看來失敗的教養，可能「離成功只差一步」。所以，教養方式可以參考、反省，不適合模仿、接收。

另一個教養盲點則來自夫妻、親子及其他相關人士，如老師、朋友等主觀感受的差距。也就是父母自認正確的教養方式，其他人並不以為然。甚至已經發生教養問題了，父母仍堅持錯誤的方式。

多年來，我在大學教授「人際溝通」、「親職教育」等課程；自己也育有一兒一女，隨時可驗證理論與實際的關聯。隨著歲月的歷練，發現自己在不同年齡對親子溝通的感受截然不同。驚覺過去教導別人或「自以為是」的地方，好多是膚淺與錯誤的。慚愧之餘，開始向兒女道歉，也包括原諒「還不成熟」的自己。

「父母學」並沒有止境，除了在子女成長過程中，需不斷自我覺察與修正外，子女長大後，仍要持續維繫良好的親子關係（包含祖孫之間），是一生的功課。

親子之間被什麼困住了？

教養子女為何會「走錯路」？以我的成長背景來說，讀小學時父母即離婚，我們四個孩子都跟著爸爸。身為長女的我必須自動自發及懂事，才能幫助及安慰父親。不自覺地，我也以這個標準要求自己的兒女。「自動自發」就是我不強迫，但你自己知道該怎麼做。「懂事」的意思也差不多，就是不需要我提醒，你就能主動去做。但是我發現，我的兒女並不理解，所以常讓我失望甚至生氣。因此，好多年來我與長子的關係都不太好。

理想與實際本有差距，而且兒子的成長環境與我不同，我的「標準」對他並不合理。不是每個孩子都知道如何自動自發、懂事，我該將大目標拆為小目標，鼓勵孩子先嘗試簡單的部分，慢慢放手讓孩子自己來。

我擔任老師也犯了同樣的錯誤，總希望學生自動自發，卻未設法「搭橋鋪路」，使他們從「被動」邁向「自動」。當我透露不滿，學生就產生反抗心理，更加不理解

（也不理會）我的標準與要求。

其實人們都不喜歡被管理或批評，卻希望有人來帶領與鼓勵。所以這本書就以我的單親爸爸教養技巧為主軸，加上我自己的育兒反省，以及許多教養成功或失敗的案例，幫助為人父母者及時「校正」教養的路線與策略，對於尚未成為父母的人，則可以好好提前準備。

一九九七年三月，我的爸爸因嚴重心臟病而「路倒」，在加護病房四十八天後瀕死復生，他特別叮嚀我：「教學及演講一定要說真話，不可說大話或謊話。」從此我不斷提醒自己，要將教育理論與現場反覆推敲，再說出中肯的話及可行的建議，絕不能信口開河、言行不一。

育兒跟爬山一樣，要清楚路線、路況，不能隨性或冒險。越高聳或土石鬆動的山路，越要多聽聽過來人與嚮導的專業意見。現在，讓我們開始這趟教養的探索之旅吧！

父母為什麼痛苦？

我在某國小帶領親職課程時，曾有位學員寫了一封長信給我。

王老師：

我的兒子國小三年級、女兒一年級，生下女兒後，我就全心在家照顧小孩。之前我是幼稚園老師，兒子二歲開始我就為他安排課程，希望上小學前把他「教好」。兒子沒有辜負我的努力，任何方面都很優秀，寫字漂亮、工整，數學一點就通，畫畫、創作、體育也經常領獎。但我卻沒能安心，因為他「成績優異、行為怪異」。幼稚園起每天狀況不斷，小學聯絡簿更是天天紅字，我三天兩頭被請到學校去。他不是打人就是捉弄同學，再不就上課搞怪，課上一半突然跑出教室，怎麼溝通都不見效。

我天天要面對、解決他的問題，一度得了憂鬱症。開始害怕天亮，更怕學校來電又有什麼事。中午放學時，我帶著忐忑的心去接他，擔心兒子又告訴我：「媽咪，老師請妳進去一下。」兒子回家後，我仍然神經緊繃，直到他入睡。

兒子小二時，我決定交給他的爸爸管，看換個人會不會改善？爸爸比較民主，對兒子極度放鬆，因此成績一直往下掉，規矩也出了問題。爸爸不斷接到老師電話，天天回應老師聯絡簿的留言。他氣壞了，只好推翻「愛的教育」，拿出「鐵的紀律」責打孩子，但一樣不見效。

我看了許多書、參加演講、上網查資料、請教專家。也聽從老師建議，帶兒子去看兒童心智科，診斷結果是注意力缺失症（ADHD）。醫生要給兒子開藥（利他能），我和先生覺得不可思議，怎可如此輕率？於是帶著兒子逃出醫院。

兒子依舊狀況百出，老師說他功課經常少寫、沒帶、沒交。我都照著聯絡簿檢查，怎會少寫呢？後來發現是兒子把部分作業擦掉，第二天老師發現時再補寫。

為了改掉他這個毛病，我只好打他。但聽到兒子哭聲實在心疼，但希望他不再犯。沒想到第二天又來了，他堅持是老師的錯，說老師寫「完成到第十二頁」，收作業才知道要寫到十五頁。

我要他自己打電話請教老師，他應該不敢打吧？沒想到他居然打了電話：「老師，昨天的數學，你是不是只寫『完成到第十二頁』？」我將電話接過來，得知兒子今天數學小考八十八分，但他告訴老師有一題改錯了，要求加兩分。老師看出兒子動過手腳，沒有加分。我問兒子考卷的事，他承認更改答案，原因是老師說九十分以上不用罰寫。

一直以為自己當過老師再當媽咪，應該很輕鬆，沒想到帶自己的孩子更難，心境及要求都不同。我知道兒子善良，必須多鼓勵。但接到學校的電話，我還是慌了。

服務於人本基金會的朋友告訴我，別在意老師丟給家長的問題。因為孩子在學校，老師必須有應對及解決的能力，我先生非常認同這個說法。但我不免想，兒子那麼頑皮、影響到團體，做父母的難道沒有責任？

我不知道怎麼辦才好，我好愛孩子，希望他單純快樂，但他總把快樂建築在別人的痛苦上。我想幫他，但不知道怎麼做！我還是會勇敢地面對孩子的問題，這是上天給我的功課，我要加油！

這封信裡，顯見父母的為難與矛盾。既愛孩子的聰明善良，又為他層出不窮的問題而疲憊不堪！當孩子被診斷為ADHD時，父母為何抗拒孩子用藥？是擔心「過動症」被視為異類、貼上負面標籤？或怕一旦服藥即需終身與疾病共存？還是根本不能接受孩子的「特殊」？

老師經常寫聯絡簿叫家長處理問題，確實帶來莫大的壓力。若家長的反擊是：「孩子在學校時，老師須有應對及解決的能力，不是將問題都丟給家長。」親師互相推卸責任，對孩子的發展更為不利。

媽媽後來告訴我，她自己「很容易發脾氣」，尤其看到兒子對待妹妹的態度，更是無法容忍。理智上她知道兒子「特別」，但更怕外界把兒子看成「異類」。她覺得全世界都可以不了解兒子，自己不能。過動症的孩子仍有許多優點，例如兒子把存了好久的錢都給她買生日禮物，聽到她咳嗽時，會立即趨前關心。

我的長子鈞豪在幼稚園及小學階段也很調皮、好動，常與同學打架、竄改聯絡簿上老師交代的作業，甚至不寫寒暑假作業。我常看到聯絡簿寫著他的種種問題，也多次被叫到學校「面談」。還有，他對妹妹也很兇。

我當時很困擾，搞不懂他為什麼這樣，對他無比失望。但我只檢討他的脫序行為，卻看不到自己的問題，例如三代同堂、爸爸在外地工作，父母及爺爺奶奶的教養態度不一致等。加上我們對妹妹較偏心，凡事都要他讓著妹妹（妹妹比他小九歲）。更不用說我經常濫用父母權威、任意對他情緒宣洩，責罵及懲罰更是不嫌少。

孩子為了少寫作業等事情「說謊」，是許多父母共同的困擾。大人覺得「說謊只會把事情搞砸」，孩子卻不這麼想。超過二十年兒童及青少年心理諮商臨床經驗的亞當．普萊斯（Adam Price）說：

我有個十七歲的病患，經常處於這樣的處境，他告訴我：「說謊是當下最方便的做法，我知道終究會被抓包，然後被痛罵一頓；但是我每說一次謊，至少可以把被教訓的時間往後延一些。」

知道孩子逃避或短視的心態，就不會對他們的說謊大驚小怪，但還是要慎重及區分性處理。「慎重」是指不盲目或過度樂觀地信任孩子，要「聽其言，觀其行」。「區分性處理」則指在不同的事情上說謊，有不同的嚴重情節，要「個別處理」(含懲罰)而非「一概而論」。如：

他騙你每次都有做功課，跟他瞞著你偷開車還把車子給撞凹了，兩者還是有差別的。……你們還必須教導孩子，做錯事就要坦白承認，並承擔其後果。盲目信任你兒子則是不智的：你以為他一定會說實話，但這恐怕只是一廂情願的想法。

父母希望孩子誠實，但坦白認錯代表可以原諒一切及事件就此結束嗎？亞當．普萊斯說：

如果你的對策是：「要是你沒說謊的話，處罰其實會輕些。」但你會發現自己陷入一個困境：當你回到家，你兒子告訴你，他請女生來家裡過夜，你難道要說：

「謝謝你老實告訴我這件事。」──然後減輕他的處罰嗎？

亞當．普萊斯認為，適當處罰孩子的犯規行為，比嚴格要求他不能說謊更為重要。

父母如何面對教養挫敗？

教養子女不能只靠想法與計畫，還要考量許多「不可控制」的因素，如孩子的身心狀態及外在環境。父母不要強扮「假面超人」或掩飾真相，也不必一味羨慕與模仿其他「模範父母」。

功課重要，還是生命重要？

某晚，我到一所偏遠國中擔任親職教育講師，結束後不少家長「圍住我」，希望解決累積多年的疑難雜症。有些教育問題的確是教養的觀念及方式偏差所致，但不少經過「深思熟慮」而選擇的教育方式為何會出錯？A女士即是如此，她等到大家都離開，才肯說出自己的問題。

她的女兒讀偏遠國中而能考上高中第一志願，絕對相當優秀，所以A女士一直被當成「模範父母」。然而孩子上高中後卻出了問題，使她掙扎於「孩子的功課與健康，孰者重要」的困惑。

她說，女兒從高一下學期起，課業開始跟不上。加上忙於社團，成績越來越糟。女兒平常動作就慢，又不善於管理時間；社團練習結束回家就癱在床上，連洗澡的力氣都沒有。作業寫不完，考試沒法準備，第二天也起不來。

A女士希望她退出社團，但孩子堅決反對，父母只好不斷施壓，要孩子把功課唸好，否則不准參加社團。孩子卻「心有餘，力不足」，越來越沒有自信，更加不想讀書。

最令人擔心的不僅是課業，女兒的情緒越來越暴躁、激動、沮喪，無法集中精神、多話、好動、坐不住，狀況越來越明顯。A女士以為是躁鬱症或憂鬱症，看過醫生後「確認」是「甲狀腺亢進」。

但A女士夫妻仍然放不下成績，深怕孩子留級，所以強制她退出社團，又擔心孩子反抗而做出可怕的事。到底要怎麼做，才能幫孩子走出困境？A女士感到無助。

我建議她先冷靜下來，目前該做的是：

1. 調養孩子的身體為第一優先，疾病的治療需要時間，更要放鬆心情。
2. 重新安排女兒的生活作息及目標，多與孩子商量、不要代替孩子做決定。
3. 與學校導師或輔導室談談孩子的狀況，以免老師不知情、不了解而錯失幫助孩子的時機。

A女士雖然難過，最終仍決定只要不留級，甚至大學重考一年都可以接受。這個決定對於這對模範父母來說真難！因為孩子自小即是「人生勝利組」，但「留得青山在，不怕沒柴燒」，只要孩子恢復健康，晚一兩年讀大學並不要緊。

他們跟孩子說，每天要洗澡、洗頭，行有餘力再寫功課或讀書。其實，在孩子情緒不穩時，這些生活常規都很難維持。父母也將他們的決定告訴導師，親師一起來陪伴孩子。除了持續「甲狀腺亢進」治療，也同步去醫院的青少年門診或身心科診所進行「心理諮商」。

孩子為什麼會生病？甲狀腺是內分泌器官，位於頸部前下方，調節全身新陳代謝和交感神經作用。年輕女性較容易亢進，除了遺傳因素，多半因為壓力大而過度刺激甲狀腺素分泌。A女士的家族有「甲狀腺亢進」病史，孩子有遺傳體質。A女士經過這次的痛苦經驗後，誠懇地呼籲所有父母：

1.發現孩子「不正常」時，不要管他以前有多優秀，都要盡快求助，不要怕丟臉。

2.不要拖延，越早知道「真相」，越能對症下藥、適當治療。

3.不只是孩子，父母也需要接受心理諮商，才不會「路越走越窄」。

「成績至上」是臺灣教育難以突破的價值觀，造成不少父母只關心成績、忽視「潛伏」或「已發生」的重大問題。例如B同學原本成績優異，因升大學考試失常而進入一所私立大學。父母認為他「在人生道路上摔了一大跤」，使他承受不了失敗的壓力而躁鬱症發作，進而休學，之後轉學又再次休學，年近三十歲了仍未能從大學畢業。

B自願到精神科住院治療，當父母被請到醫院經醫師「開導」才懊悔說：「因為父母本身的觀念與面子問題，耽誤孩子十八歲到三十歲的黃金時光。人生能有幾個十二年啊？」

國際知名趨勢大師大前研一在其著作《教出孩子的生存力》強調：

現在，為人父母最重要的事，就是試著再次重新審視對孩子的價值觀。……以更柔軟的態度來思考孩子的人生選項。只要孩子成績好，父母便能安心以待，這些不是很病態的情況嗎？

大前研一提醒父母不應只靠成績評斷子女，必須從各個面向來觀察孩子的其他長處。

每個人至少有一、兩項過人之處，以及自己值得推敲的地方，這在今後會越來越重要。並且，只要做人誠實和待人親切，善加利用自己的這些特質，同樣可以過活。

大前研一認為每個小孩都有自己的特色，父母的職責就是看出孩子的優點，並且告訴他：「你這一點做得非常好，如果將來朝這個方向發展，或許會很不錯呢！」否則就是放棄了教養的責任。

我對長子鈞豪的教養有個根本的錯誤，也是東方父母的通病，就是太看重學業、升學。只要看到鈞豪的成績退步，就罰他不能打籃球（他的最愛）、不准看電視（他就半夜起來偷看），只不斷逼迫他再多讀一些（他更讀不下）。我把自己的成就與他的班級排名及未來前途畫上等號。在他國二時，我在「與鈞豪一起成長」的日記上寫著：

鈞豪目前的成績是他讀書以來的最低潮，分析退步的原因：交女朋友、上課不專心、平時準備考試時間不夠、每晚複習功課時間太短、要逼迫才能讀書、應付了事的心態。我忍不住向他發了脾氣，我多希望不要發脾氣，但看他名次一再落後，從十八、十九、二十、二十一、二十五一路滑落，就忍不住生氣。

他只是口頭用功，不見決心與行動。我是過來人，一眼就看穿這種不用心的後果。我希望能信任他，放手讓他去努力，但情況怎會變成這樣？如此我的一切努力（外表的成就）都沒有什麼意義，甚至覺得自己「沒有資格」去教導別人。

認真、用心是成功的不二法門，放鬆、放縱是失敗的主因。鈞豪對學業的逃避及被動，是課業不理想的原因。逼迫他到底有多大效果？實在看不太出來。但自己很生氣卻顯而易見，我不想生氣卻又忍不住脾氣，氣他不長進、好逸惡勞、不肯吃苦、應付父母，這樣下去只會「自己害自己」。

如今他享受父母努力的成果，將來呢？再不努力的話，他的兒女要跟著一起受罪，這點道理他想得通嗎？能下定決心吃苦嗎？真正孝順的孩子應實踐父母的期望與信念，被父母責罵的滋味不好受啊！

現在再看這份日記，不覺苦笑。我只看重自己的面子與權威、一味強迫與指責孩子，卻對兒子的努力及痛苦沒有「同理心」。

關於鈞豪與妹妹的相處，最火爆的階段在他讀國中，而妹妹上幼稚園時，我以「寫信」的方式與他溝通：

不知道你到底怎麼了，你比妹妹大九歲，爸爸又在高雄，你的責任是什麼？妹妹還小，需要照顧與保護，不是我們特別對她偏心，你為什麼就是想不通，還要跟她斤斤計較？

你知道每次你對她大吼大叫，我有多傷心嗎？你不肯學習當一個盡責的哥哥，你易怒、暴躁，連我都不放在眼裡，我真是難過得無法入睡。

你為什麼存心惹我生氣，我氣病了你高興嗎？我一直擔憂你的脾氣及欠缺責任感，何時你才能心平氣和地帶領妹妹？能「目中有人」地孝敬父母？你的不孝比你的成績更令我痛苦。

我給兒子的壓力，實在太大啦！當時他的回信是：

媽媽，我很抱歉！每次都為一些無聊事發脾氣。使你生氣，我不是有意的。因為我有些時候會覺得自己小時候沒有鈞鈞過得好，心理不平衡。

因為小時候跟爺爺奶奶住，心裡難免羨慕鈞鈞。而且常被爸爸罵，心裡就會討厭鈞鈞。

你們處處都為她著想，有否想過我的感受？她有很多不對的地方，我罵她固然態度不好，但你們不但不幫我，還幫她罵我。

雖然我長大了，但還是孩子，不是一個你們認為的「小大人」。我不可能完全了解你們，希望你們能把心裡的感受跟我講，使我們產生互動，好嗎？

我反覆責罵他的課業、與妹妹相處、生活習慣等問題，對他極盡「情緒勒索」。在國三開學時，他寫信給我：

對於我的功課，我也在幫助自己、提醒自己，也想為自己爭口氣。但我很少聽到您的加油、打氣，卻常聽到您說要順著我、等我自己醒悟。我有時候也覺得自己真沒用，媽媽每次看到我，都一直說要用功、要努力、要爭口氣、不要讓我擔心。有時候我看到您竟然會害怕，怕您又要把話重複講一遍。

我知道你們一直很擔心我的功課，一提到功課，我就看到一張失望的面孔。我自己也恨為何不能下定決心努力去做，而使父母這麼擔心？為什麼這麼貪玩、不肯努力？我現在也慢慢在提醒自己，快醒過來，不要再混日子。

最近成績有一點點進步，自己有一些些高興，但卻沒人替我高興。上次月考成績發回來，爸爸為我拍手，您卻無動於衷。最近我的挫折感很大，為什麼自己什麼都做不好？為什麼不肯再努力、積極做好每一件事？自己也在反省，希望趕快改正回來。

今天回家時，眼睛一直在痛。但我還是去幫您要紙箱，您聽我講「沒要到」，就說了我一頓，我也生自己的氣。看到鈞鈞把客廳的椅子弄得亂七八糟，我本來好好跟她說，她卻以不屑的態度回應我。您非但不了解，竟然又罵我。每次您都說她還小而不追究，您以為她不懂嗎？其實她越來越清楚，所以常在假裝。

可能我的想法很偏激，您覺得我幼稚、長不大，也覺得我都不了解您，不能幫您分憂解勞。如果您這麼想，就太過分了。我也很少嘮叨，只是覺得不公平。

為什麼同學每天回家都可以吃到香噴噴的飯菜，而我不行。可能您說吃飽就好，但就少了家的溫暖；在我心裡有一種缺憾，您學心理學應該知道。

最後，我一定會趕快努力，考上公立高中，請媽媽不要擔心。

祝 可愛的中秋節快樂

現在，我終於「看懂」兒子的信了，自覺非常汗顏與不捨。我雖已養兒育女，但心理上卻還是不成熟。

父母需要冷靜、理性

鈞豪讀研究所時，我花了近三年、寫了一百五十二封「道歉信」給他。最後，兒子的總結回覆是：

雖然我們是母子，卻是個性完全不同的人。我們都有自己的壓力，也不了解對方，造成了些衝突。也許當中有些遺憾，卻沒有抱歉的必要。在當時我們心中都有諸多不諒解，周遭的任何事都可能是衝突的導火線。

但既然我們是家人、是母子，事情就沒有對錯可言，只有出於關心與愛之背後的投射價值。你覺得功課、品行第一，我覺得生命短暫應當快樂、自然。需要的時候我自會努力，也接受之後的結果。雖未持之以恆，但求無所遺憾。

因為你與爸爸的督促，以致我未曾迷失方向。雖不值得驕傲，但也算有所得（雖然你們的方式我未必認同）。

二〇二〇年的母親節，我再回首當年的「紀錄」，看到孩子年少時的感受，心中特別難受。我給孩子過高的期望、壓力，過多的誤解、責罵。看不到他的努力與孤單，讓他心裡受傷。於是我決定傳訊息向他道歉，即使他不原諒也可以。

今天是母親節，不僅是兒女感恩的日子，也是母親懺悔的日子。因為我成長的過程刻苦，很年輕就當了媽媽，三代同堂的家庭不好應付。我是個情緒管控不好的媽媽，沒能好好珍惜你，對你要求太多但了解太少，希望你能原諒我。

已為人父的鈞豪立即回覆：

為人父母後才知道，其實做父母並不容易，過去了就不要想太多啦～親愛的老媽，祝母親節快樂。

女兒鈞怡從小看到哥哥被罵得很慘，決定不再受制於我。當我以哥哥的模式壓制與責備她，她立即明確地為自己主張，只做想做的事，並希望我能控制情緒，以同理心公平地對待她。所以母親節這天，我也向她道歉：

> 我不自覺地給你很大的壓力，讓你拼命地想做到最好。放輕鬆吧！依你自己想要的去做就可以，媽媽希望你能原諒我。

面對孩子的缺點與問題，不要一味「感性」、充滿負面情緒。此時可運用「冥想」的技巧，讓自己冷靜下來，才能「理性」地找到壓力源，進而產生正確的壓力解決策略。

一次冥想只需五到十分鐘，專注且放鬆地讓「孩子的缺點或你不滿意孩子的地方」在腦海中自由進出，不要壓抑你的情緒感受，不要批判你的想法。只需「內觀」當下的思緒變化，讓內在展現平衡、多元及深刻、長遠的一面。更希望你能冥想「孩子的優點或你滿意孩子的地方」，或「自己的缺點或孩子不滿意你的地方」。

威爾·鮑溫(Will Bowen)在《祝你今年快樂》一書特別推薦靜坐冥想,「不只能讓你掌控你的思想,也能加深你的靈性,兩者都可以造成更高且持續的快樂感。」靜坐冥想的技巧主要如下:

1. 舒服地挺直腰桿坐好,手放膝上,掌心朝上,閉上眼睛。
2. 專注、深沉、規律地用鼻子吸氣和呼氣,感覺腹部隨呼吸上下起伏。
3. 可以手指記錄呼吸次數,先由右手開始。
4. 當其他思緒飄入腦海時,可將它分類(待辦事項、自我批判、教導等),再重新計算呼吸的次數。

正念(mindfulness)療法是二十世紀七〇年代提出的心理治療方法,歸類為認知行為療法。是一種專注當下、全然開放的自我覺察,不帶有自我批判的心態,改以好奇心和接納腦海中的每一個念頭,簡稱「正念冥想」,包含四個程序:

1. 注意呼吸。用自己覺得最舒服的姿勢坐在椅子上,不要把背靠向椅背,身體不要前彎,輕輕閉上眼睛,將注意力轉向一吸一吐的呼吸。

2.正常的注意力分散。並不是刻意地分散注意力，而是冥想時不知不覺會注意力分散、浮現雜念。

3.發現到注意力分散便能恢復原狀。越想趕走它，意識越被這些雜念所牽走。不要責備浮現雜念的自己，不判斷、不評價。

4.將分散的注意力拉回來。這麼做，顯示你在不小心被雜念淹沒之外，還有其他選擇。

冥想時，不需為了無法專注而苦惱。即便注意力分散了，發現它並拉回來即可。讓頭腦與心「留白」，藉此拋開雜念。在正念冥想前，要先確認冥想的目的，沒有目的便無法長久持續。吸氣時腹部突起，吐氣時腹部凹陷。

父母成長區

電影：《萬萬沒想到》（印度，二〇一九）

一個大考失利受到打擊因而輕生的孩子，父親為了喚醒他的求生意志，將自己求學時是一名「魯蛇」（loser，失敗者）的故事，在病床邊告訴昏迷的孩子。更將昔日同窗好友齊聚一堂，證明故事的真實性。幸好兒子最終甦醒過來，才有機會過著「不再因太在意輸贏成敗，而忘了好好生活」的嶄新人生。

爸爸描述自己過往的失敗經驗時，自己也逐漸領悟：最重要的是生活本身，要盡力過好每一天，不要太在意別人給你貼的標籤。「成績不會決定你是不是魯蛇，而在於過程中自己是否努力！」即使情況不太樂觀，也不要放棄。

父母經常想到成功時要怎麼慶祝，卻沒有教孩子怎麼面對失敗。甚至以為「輸掉的不只是考試，而是整個人生」，給孩子莫大的壓力。這是父母要及早醒悟的地方，以免如電影中的父親差一點造成難以挽回的悲劇。

2

看到孩子的求救訊號

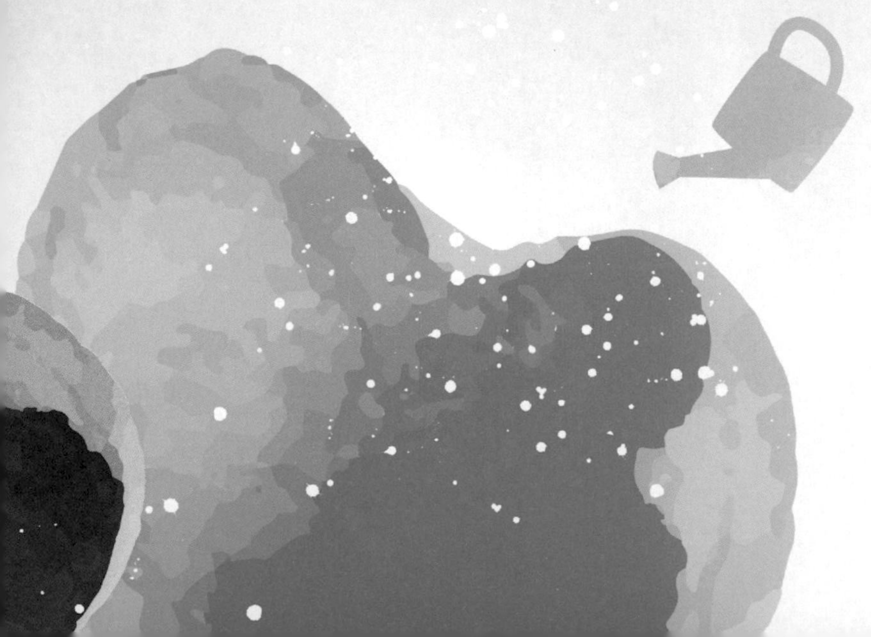

1
怎麼會花二十年養出一個殺人犯？
你的孩子殺了我的孩子！兇手！
為什麼會變這樣呢？
2
很少看到你家孩子呢！
他跟人不親近！不過成績很好喔！
如果跟那孩子多說些話，就不會變成今天這樣子嗎？
3
他明明就這麼正常的求學
4
是何時開始想毀滅一切？

孩子「為什麼」頂嘴、離家出走、輟學、自殺、犯罪……？其實是在透露內心的不滿，以此暗示或對父母求救（快接住我）或抗議（別再這樣做了）。

心理師王意中說，很多父母不懂孩子的心聲，不僅無法及時協助，反而給予更多責難，使孩子的情況更糟，如自殘、自殺（為了轉移痛苦）：

心靈受困的孩子，內在就像到了非常嚴重的空氣汙染「紫爆」等級，讓他的情緒咳個不停、喘不過氣，甚至難以呼吸。……請勿批判，莫予指責。先試著接納與尊重他情非得已的想法，關注他的感受。

當孩子呈現無價值感、無意義感與絕望感時，並非孩子所願；大人也會有無法解決的問題，何況是未成年的兒童與青少年？孩子遇到難題而有叛逆表現或自我傷害，父母若以增加罪惡感的方式回應：「你知不知道這麼做讓我們多傷心？我們這麼多年辛苦撫養你、照顧你，你竟然如此……。」不僅不能打消孩子「一了百了」的念頭，反而使他覺得「爸媽真的不了解我」，心頭更加沉重。

父母如此責備是因為「不知所措」，才施以「情緒或道德勒索」。此時，父母應放下面子與執著，求助學校輔導或心理專業人員診斷與心理諮商。

大人也會壓抑情緒，不知或不敢向人求救，使小問題累積成大問題。小孩有類似狀況也不足為怪，慶幸的是及早發現、來得及面對與處理。

教養的重大危機

父母會遇到哪些「教養危機」？如何預防與化解？

二〇一九年臺灣公共電視、CATCHPLAY 與 HBO Asia 推出的社會寫實電視劇《我們與惡的距離》，劇中殺人兇嫌李曉明的母親萬般無奈地吶喊：

全天下沒有一個爸爸媽媽，要花個二十年，去養一個殺人犯。

劇情設定為兇嫌李曉明在電影院內隨機射擊，造成九人死亡、二十一人受傷。很接近二〇一四年五月二十一日臺北捷運隨機襲擊事件。鄭捷（二十一歲，就讀東海大學環境工程學系二年級）在捷運車廂內行兇（板南線龍山寺站到江子翠站之間），造成四死、二十四傷（傷勢多集中在胸部和腹部）。二〇一五年三月、十月，新北地方法院一審、二審皆判決鄭捷死刑，褫奪公權終身。二〇一六年四月，最高法院三審維持原判，隨即於五月十日執行死刑。

問題就此解決了嗎？鄭捷「為什麼」要剝奪那麼多條無辜的生命呢？二〇一四年五月二十八日（受害者頭七之日），鄭捷的父母公開下跪道歉，父親泣訴：

他是我們的孩子，他的行為罪大惡極，造成死難者家屬他們無法承受的傷害，也讓深愛他的父親、母親痛心疾首、萬念俱灰，同樣嘗到家破人亡的苦果。

檢察官（應為法官）應該會判他死刑，我想，雖然他是我的孩子，但這是他應該去面對的，唯有如此，才能平衡受難者的傷痛及家屬的萬分之一。

最後，身為父母，我們教養他二十一年來，一定有我們所不知道的疏失，這是我們難咎其責（應為難辭其咎），希望鄭捷下輩子能好好做人。

這段文字不管讀幾遍都覺得心痛，沒有一個父母願意說：「希望你下輩子能好好做人」，但又為何「教養他二十一年來，一定有我們所不知道的疏失」？

鄭捷的父母不知道自己哪個教養環節出了問題，法律也只能將鄭捷處以極刑、與世隔絕。但父母要如何面對終身的心靈刑期？其他類似狀況的父母又如何從中吸取教訓、避免惡果？

鄭捷的家庭環境不錯，曾獲跆拳黑帶二段。他的課業成績很好，考進新北市立板橋高中，之後就讀國防大學理工學院動力及系統工程學系。大二時超過「二分之一學分未取得」被退學，轉學進入臺中東海大學環境工程學系二年級。二〇一四年寒假，鄭捷再次報考外校的轉學考，想進入較有興趣的中國文學系，惜未錄取。

父母向警方表示，鄭捷高中時尚稱活潑，被國防大學退學後性情大變。鄭捷從小對文字語言有天賦及興趣，考進國防大學後，因沒興趣而遭退學。但在父母的堅持下，他仍努力考上東海大學環工系（雖然他對理工並沒有興趣）。

他的父母似乎沒有真正了解鄭捷，所以要求他讀不喜歡的科系。他壓抑下這些憤怒，可能因為在乎父母，希望得到他們的認同。

鄭捷供稱：「因為父母對我的期望太高，覺得求學太累、活得很辛苦。從小學五年級就開始計畫這起殺人案。對於砍人殺人的犯行一點也不後悔，還很舒坦，因為已經圓夢了，如果再來一次會殺更多人。」他自稱從小立志「做大事」，「我從小就立下志願，要轟轟烈烈殺一群人，然後被判死刑也沒關係」。

板橋高中校方表示，鄭捷在校時表現正常，參加班上籃球隊、合唱團，無任何懲處、輔導紀錄。但鄭捷常在作業本上寫殺人小說、故事，內容多半是上百人被帶到密閉空間（廢棄教室或車站）殺害。且畢業紀念冊的留言「我沒有放火燒我家」，也令人覺得怪異。

鄭捷在網誌〈源頭〉中自述是「男生們的大哥」，國小時每天揍女生揍得很爽，但班上有兩個女的惹不起，發誓長大要殺了她們。在〈臺北夜殺〉中描述自己幻想的殺人場景，包括「雙足踹人月臺落，捷運爆頭軌道成血泊」；而〈仇〉中則殘忍地寫道「抓到妳，我將不是人類，每天灌妳強酸強鹼」。

鄭捷從小學五、六年級起，殺人的念頭便已萌芽，並且反覆透過與同學談話或小說書寫甚至在臉書上透露。鄭捷不只單純想要殺人的反社會意念，其他包括人生的抑鬱、空虛，以及早就有不想活的念頭，都需要被關注。

他有明顯的自殺意念，曾向警方說：「我從小學時就想自殺，不過沒有勇氣，只好透過殺人被判死刑，才能結束我這痛苦的一生」；「我從小到大都沒交過女朋友，因為我自認是個沒有未來的人。」長久以來，父母師長為何沒有察覺到孩子的心理困境？

鄭捷的辯護律師黃致豪說：

所有的犯罪都有成形的機制，不是有人一出生就是殺手，所有人在成長的歷程都可能有問題，如果你找出問題癥結，我們就有機會避免孩子成為強暴犯、成為殺人犯……。

黃致豪覺得：「每一個犯罪者是社會失敗的表徵，這表徵是用來提醒我們哪裡做錯了。」他很遺憾鄭捷這麼快就被槍決，使得受害者家屬及他個人都無法知道鄭捷「為什麼」做那種事。在判決定讞後十八天即執行死刑，使原本希望得到答案的根源（鄭捷），永遠地消失了。

臺大醫院針對鄭捷血液、腦部進行生化檢驗，鑑定結果認定鄭捷犯案時未因精神障礙或其他心智缺陷，致使辨識行為違法或有行為能力欠缺或顯著降低的情況，所以「具有受審能力及到庭參與訴訟之能力」。但鑑定報告認為，鄭捷具有反社會、自戀的人格特質，不成熟、常有標新立異之舉，較欠缺理解他人遭遇的同理心，具有特殊的世界觀，認為世界是虛無的，人生意義傾向悲觀。

為了讓外界接受鄭捷的判決，新北院檢請來警大教授沈勝昂進行心理鑑定，顯示鄭捷犯案時精神狀態正常，並無心神喪失等減刑條件。沈勝昂團隊透過十一次訪談發現，鄭捷成長過程中碰到人際關係、學業挫折，雖已察覺卻無法妥善處理，導致出現學習問題、情緒不穩定等狀況，甚至還有反抗心理。而且，鄭捷的教化「難度很高」。

自殺、憂鬱症的孩子

除了犯罪之外，子女若有自殺、精神疾病、孤立於社會之外等狀況，又是父母哪裡有了疏失？

根據臺灣自殺防治學會網站報導，近年來青年及兒童自殺事件頻傳，逐漸呈現「低齡化」現象。二〇一八年衛生福利部統計全國自殺死亡人數 3,865 人，十四歲以下有 10 人，十五到二十四歲有 210 人。若包括想自殺、企圖自殺的青少年及兒童，甚至許多被當成意外事件的自殺，青少年及兒童實際因自殺而死亡的人數，可能是官方統計的兩至三倍。

由二〇一五年度全國自殺未遂通報個案資料可知，青少年（十五到二十四歲）自殺未遂通報人次為 4,389，其中女性為男性的 1.94 倍。探討原因，青少年首要煩惱為「感情因素」(36.4%)，第二為「家庭成員問題」(17.8%)，第三為「憂鬱傾向、罹患憂鬱症」(10.0%)。

家庭是造成兒少自殺的重要因素，包括家庭破裂、親子關係不佳、家庭溝通不良，以及對父母有高度敵意卻又伴隨很深的罪惡感等。十四到十七歲的資賦優異青少年被視為自殺的高危險群，原因包括完美主義、不合理的社會期望、父母不切實際的要求、缺乏幽默感、學業成就等於個人價值等。

過去對於自殺防範總有「迷思」，擔心問他自殺的事情，是不是會促使青少年自殺？事實上，主動詢問反而讓青少年感到如釋重負、被理解，所以要引導青少年多跟成熟的人討論自殺的原因，發現青少年有憂鬱現象或出現「這世界沒有我會比較好」、搜尋關於死亡的資訊、交代遺言、分送東西等現象時，就需要多關心、不要迴避。

判斷兒童或青少年是否憂鬱，可考量下列症狀出現的次數、持續的時間及嚴重程度。以下為較典型的憂鬱症狀：

1. **小學時期**：無精打采、悶悶不樂；較平常焦躁易怒；看起來悲傷；容易沮喪；抱怨很煩悶無聊；疏遠家人和朋友；做作業有困難；常談到死亡。

2. 青少年：總是疲倦；退出最喜愛的活動；與父母老師有更多爭執；拒絕做家事或功課；從事危險行為，例如割傷自己；有自殺的想法。

兒童和青少年也會發展出一種不典型的憂鬱症，情緒有短暫的改善，也能對正面事物有喜樂的反應。這與一般憂鬱症不同，一般憂鬱症的情緒傾向持續的悲傷，不輕易被正面事物所影響。要留意的是，罹患憂鬱症的青少年常有憂鬱症家族史。經歷過憂鬱症的兒童跟青少年，可能也患有其他精神疾病，包括：心因性厭食症及心因性暴食症、焦慮性疾患、強迫性疾患或恐慌發作、酒精或藥物濫用、創傷後壓力症候群等。

有焦慮性疾患的孩子，似乎很緊繃且不能放鬆，需要一再保證使其安心，也可能過度在乎外表，會咬指甲、吸拇指、拉扯或扭捲頭髮、難以入睡。外在看起來很成熟，努力想成為完美的人。對批評極度敏感，經常有受傷害的感覺。

青少年「創傷後壓力症候群」是指遭受過恐怖經驗，例如校園槍擊事件、火災、嚴重車禍、性虐待或身體虐待。他們會責怪自己，並且認為應該為發生的事情負責。創傷後數年，仍對未來覺得絕望與悲觀。

憂鬱症越早被辨識、治療的預後越佳，即便兒童、青少年從憂鬱症復原的機率很高，仍可能罹患下一次的憂鬱症。治療兒童青少年憂鬱症的方式為藥物、心理治療，或合併藥物與心理治療的認知行為治療。

憂鬱症有兩種常見形式：「重鬱症」與「輕鬱症」（持續性憂鬱症），依據美國《精神科診斷準則手冊第五版》，兒童、青少年和大人採用同樣的標準，但症狀表現略有不同。

「重鬱症」須符合兩週內出現「憂鬱情緒」（兒童及青少年可能是情緒易怒）或「失去興趣或愉悅感」當中一項，同時在大部分時間內有「合併體重減輕或增加／食慾減低或增加」、「失眠或嗜睡」、「精神動作遲緩或激動」、「疲倦或無精打采」、「感到無價值感或不當的罪惡感」、「思考力下降」、「反覆想到死亡」等五項以上症狀。

「輕鬱症」是在一年內的大多數時間都感到憂鬱或易怒，同時有食慾改變、睡眠改變、無精打采、自卑、專注力差、無望感等兩項症狀以上。憂鬱症的盛行率隨著年齡而逐步增加，女性較男性的比例為高。

青少年憂鬱疾患會影響認知及社會功能，並且貶損學業表現，甚至在復原很久之後仍是如此，這對青少年發展至成年的就業有長遠負面影響。由於早發性的憂鬱疾患是一種較嚴重的疾病型態，預後較差，可以預測終身憂鬱及其他精神疾患更加惡性的病程，以及未來婚姻適應、逃學、失業、毒品使用、違紀行為、犯罪、車禍等。所以若能對青少年憂鬱疾患做有效的治療，對於未來各方面的適應、健康及安全，將有正面的影響及幫助。

現代社會相較於身體疾病，精神疾病往往更易遭受汙名和誤解。因此許多憂鬱症患者不願公開自己的病患身分，更只有相當少數的青少年主動尋求治療。

二〇一六年出版《親愛的我 Oh! Dear Me・250 天憂鬱症紀實》一書，作者蔡嘉佳現身說法，就讀臺北大學中文系三年級時確診為精神官能性憂鬱症。在抑鬱、承受嚴重藥物副作用時，她深刻感受到社會的不理解，對心理疾病患者的種種標籤化，使她決定用坦誠的記事融合文學的筆觸，訴說發病過程和病情起伏的生活。

每一天，她得花極大力氣才有辦法執行一件事，可能是跟人對話、出門、必須得面對些什麼。大多數時間她都在與自己對抗，以及忍住不拿刀刺動脈、不在浴室上吊、不從頂樓跳下去的衝動。她要嚴謹地控制自己的一言一行，不讓別人操心。

在公開的過程中，許多人因她的文字而使痛苦得到一些排解，向她訴說不敢向其他人說出的內心世界。讓同樣身為患者的她，開始擔任起陪伴者的角色。

嘉佳有心臟三尖瓣脫垂以及家族憂鬱症的病史，算是憂鬱症高風險族群，所以，她並不是刻板印象中「軟弱」的人。嘉佳形容憂鬱症為「喪失感受快樂情緒的能力」，從前能夠快樂，在罹患憂鬱症之後做什麼都不開心。聽別人說笑話時會哈哈大笑，只是因為知道這時候該笑，才像一個「正常人」。

病後她開始不喜歡社交，因為她不想演戲，不想表達各種根本不存在的情緒。這也是憂鬱症患者面臨的難題之一，不定期地症狀發作與藥物副作用，讓患者對社交疲憊，但失去社交活動又會更加封閉自我。

憂鬱症的發作幾乎無法預測，可能前一秒鐘還好好地使用電腦、滑手機，下一秒就突然崩潰大哭，甚至產生自殘行為。突然間身體完全失去力量，只能無力地忍受痛苦。非發病期間也常無法感受快樂，長期的失眠更讓人心力交瘁。

嘉佳在大一時進入學生會，大二成為學生會的會長，也擔任實習生與媒體公關，在一次次的活動中培養強韌的抗壓性。在以前她看到一些厭世或崩潰文，描述對這個世界感到害怕與疲累，會覺得是個人的情緒問題，應該自己處理，不該影響他人。

在她升大三決定放下外務專心唸書時，卻開始慌了，整個人瞬間垮掉。過去以為失眠只是壓力大，但外務放下後依舊持續，甚至早上七、八點才能睡著，才意識到自己可能生病了。

憂鬱症發作同時伴隨幻覺、幻聽與恐慌，那些旁人看不到的東西就是幻覺，可是她卻無法辨識，所以開始害怕走入人群，無法進入教室。因為幻聽與幻覺，沒辦法正常上課。她開始有文字閱讀障礙，沒辦法好好完成考試。但不少老師不能理解，認為她拿「憂鬱症」當藉口。嘉佳開始對學校感到抗拒，因此決定休學，即使距離取得大學文憑只剩下幾個月。

嘉佳說，跟憂鬱症患者談未來是很痛苦的，可是大多數人還是會說：「為什麼不試著去運動？」、「你可以聽音樂放鬆心情啊！」、「去交朋友嘛！」、「找到你的興趣，生活就會有重心啦！」憂鬱症患者沒有要讓生活好起來的慾望，因此這些話對他們來說都沒用。

就醫之後，她必須每天依靠藥物來控制病情，最高紀錄一天吃十二顆藥，才有辦法維持正常生活。「很多人會覺得憂鬱症患者怎麼那麼脆弱，這是不對的，因為憂鬱症並不是因為脆弱而發生。」嘉佳想讓大家知道很多精神疾病患者是正常、可以溝通的，瘋癲或者口齒不清多半是社會給予的「標籤」。

嘉佳平時和大家沒什麼不同，但憂鬱症發作時伴隨的恐慌症、躁鬱症、幻聽跟幻覺，讓她飽受分不清楚現實與幻境的痛苦。加上藥物的副作用，喪失過往良好的記憶力、溝通與社交能力，她多次想要結束自己的生命。

確診後，嘉佳明顯感受到精神疾病在社會上不被友善對待的氛圍，受到更多恐懼、排斥與疏離的眼神。嘉佳知道一旦出書就面臨正反兩方的聲浪，但為了讓大家從不同面向了解這項疾病，她仍選擇去做。

別讓孩子求助無門

辨識兒童與青少年有否憂鬱症是一大挑戰。因為相關症狀容易用其他因素解釋，如處於發育期、荷爾蒙改變等。而且幾乎所有兒少都常與父母、師長爭論或拒絕交代的工作，所以罹患憂鬱症或焦慮症會被誤以為是不聽話、叛逆、個性等，因此錯失了治療時機，甚至造成孩子離家出走、誤入歧途。

不少兒童及青少年不知自己罹患了精神疾病，或身心感到痛苦時不知如何表達與求助，以致與家人頻頻衝突甚至斷絕關係。直至讀大學或成年自行就醫後才知是心理疾病，於是回頭修補家人關係，父母及手足也因當年對他們的誤解而感到愧疚。

病患得到家人的支持後，更利於心理疾病的治療。

成長過程中，父母界定的成功標準常造成孩子不快樂。越成功不見得越快樂，因為可能被同學嫉妒、被父母師長過度期待，或為了保持成功形象而自我施壓。

例如《房思琪的初戀樂園》一書作者林奕含（一九九一年出生），是資優生及學測滿級分的狀元，加上擁有出色的外貌，使她在追求成功的過程中付出太大的代價。

準備指考期間她每天早上五點起床，七點十分進某國立大學的K館唸書到晚上十點，回家再背《古文觀止》到十二點。但這樣的作息一個禮拜只能維持兩天，其餘五天她都把自己關在衣櫥裡哭。不僅睡眠不足，她也沒有休閒、社交活動，甚至很少與家人相處。

《房思琪的初戀樂園》講述少女房思琪被補習班老師誘姦多年的痛苦經歷，該書扉頁寫著「改編自真人真事」，很快即成為暢銷書，但林奕含卻否認自己就是房思琪。二〇一六年七月，寶瓶出版社憂慮林奕含無法承受出版後的壓力及媒體關注，於是取消《房思琪的初戀樂園》出版計畫。之後游擊出版社承接，但出版不久林奕含的精神狀況即惡化，原擬入院療養，為了配合文壇活動而取消。

二〇〇七年，林奕含就讀臺南女中高二，就因偏頭痛、躁鬱症、憂鬱症而遠赴臺大精神科就診。林奕含說：「『上臺北』這三個字，就接近所謂精神病汙名化的核心。」要去一個沒有人認識她的地方治療，這個病帶給她很大的羞恥感。她沒有朋友，只剩下寫文章，寫失眠、輟學、吞藥、跳樓、死亡、精神病房，給一群為數不多但忠實的年輕讀者在臉書按讚分享。

心理疾病患者努力去除標籤化的同時，外在社會加諸的話語與眼光卻難以躲避。林奕含感慨這個社會對於精神疾病的想像，如網路上罵髒話的人、新聞裡砍殺前女友的人，都被視為精神病患。那些拼命想將她從懸崖邊拉住的關心，讓林奕含更感到灰心。因為他們不曾體驗過這樣的困境，不能同理患者痛苦的吶喊。

高三參加學測雖獲滿級分，但推薦甄試落榜；指考後進入臺北醫學大學醫學系，兩週後即辦理休學。原因是父母發現她與補習班老師陳星交往，憤而邀陳星夫婦談判，達成分手共識。

二〇一二年，林奕含重考進入國立政治大學中國文學系，因期末考缺席，她提出精神疾病診斷證明，卻遭質疑其來源及用意，林奕含於大三時又休學。

二〇一六年四月，林奕含公開一段二十分鐘的影片，是自己在婚宴上對賓客的致詞。說自己從高中開始罹患重度憂鬱症，曾一度失去生命的熱情，甚至有幻覺、幻聽、自殘行為，因此自殺過很多次，進過加護病房或精神病房。

如果今天婚禮我可以成為一個「新人」，我想要成為一個什麼樣的人？我想要成為一個對他人痛苦有更多想像力的人……我想要成為可以實質上幫助精神病去汙名化的人。

林奕含的父親是名醫，家境很好。她聲稱自己高二那年「起肖」，生命中兩件重要的事讓她停滯，一是「房思琪」的故事，二是精神病。

我開始厭食，不想吃飯睡覺上學，什麼事都不想做。……生病期間做了很多荒唐事，父母對我不能理解，失去健康、親情、愛情、友情，一無所有，很痛苦，反覆自殺很多次。

房思琪認為「和已婚的老師在一起的愛」是「倒錯、錯亂、亂倫的愛情，最下等的迷戀。」但那人沒有堅持他們的愛情，他與其他年輕女子親密互動，加重了她的憂鬱症。後來林奕含走入了婚姻，但不到一年即和丈夫協議分居，丈夫搬離，她一人獨居。二〇一七年四月二十七日，她在住處上吊自殺，得年二十六歲。

林奕含身亡，父母發出聲明：該書是女兒年輕時被一個補習班「名師」誘姦後發展為師生畸戀，「引發痛苦憂鬱的真實記錄和心理描寫」。父母說：

奕含這些日子以來的痛苦，糾纏著她的夢魘，也讓她不能治癒的主因，不是憂鬱症，而是早年的一個不幸。她寫書的目的，是希望社會上不要再有第二個房思琪。

父母坦承不僅是奕含，還有其他三位真實存在的受害者。在母親節前夕，他們說出奕含生前的辛苦：

努力去找跟她相同遭遇的女孩，她去網路、去相關婦女基金會、去找律師想提告，她又寫了近十萬個字，終於許多人看到了，跟她同情共感。但還是有一些人繼續裝聾作啞說沒有一個老師，長年用他老師的職權，在誘姦、強暴、性虐待女學生。

林奕含的父母呼籲所有直接、間接有關的人，不要再繼續漠視與沉默。他們能為奕含做的，是對「狼師」提告，讓他知道真正的「理」是什麼。但臺南地檢署經過一百多天的偵辦，二〇一七年八月宣布罪證不足，全案不起訴。檢方認為兩人發生關係是雙方合意，當時林奕含滿十八歲且已非陳星的學生。陳星被告與未滿十四歲及未滿十六歲女子性交、利用權勢性交、強制性交、強制性交致女子羞忿自殺等五大罪嫌，均認定罪證不足。

偵辦期間，檢方多次請求查看林奕含生前的日記、手札文件與電腦等相關資料，家屬都表示無法提供。檢方調閱病歷紀錄，林奕含於精神部病房期間並未提及遭性侵害之相關內容，又依據歷次心理諮商紀錄，雖提及「被強迫」及「誘姦」等詞語，然而奕含曾表明那一段經驗「就是一場戀愛」，因此難以認定發生性行為是否違背奕含之性自主意願。檢方也指出，林奕含家屬偵訊時「表明不願提出告訴」，該案沒有其他被害人。

憂鬱症使林奕含無法有一般的社交活動，只剩下關在書房裡看書以及思索那個「骯髒的」事情（社會偏見的壓力）。憂鬱症不是靠意志力可以克服的疾病，被性侵及所謂「愛的背叛」，更加重了她的痛苦。奕含受訪時說：

很多人問我說為什麼要休學一次、兩次？為什麼不用工作？沒有人知道我比任何人都不甘心，這個疾病剝削了我曾經引以為傲的一切，與父母之間的關係、原本可能一帆風順的戀愛，甚至沒有辦法唸書。

其實林奕含「多麼地想要一張大學文憑」，卻被父母的期待、社會的價值觀、精神疾病的汙名化重重阻隔了。希望天底下的父母都能多關心孩子，與他們談談生命中其他比課業成績更重要的事，不要讓林奕含或房思琪的憾事繼續發生。

父母發現孩子暴食或厭食、短時間變胖或變瘦、不喜歡上學或外出、躲避家人或社交活動時，就要注意孩子是否有情緒或情感問題，甚至已罹患心理疾病。除了傾聽、向專家請教之外，多帶孩子從事簡單的戶外運動或旅遊，轉移注意力等，也是很好的方式。尤其運動紓壓，是成本最低且能一兼多顧的好方法。

父母成長區

戲劇：日劇《和不是A的你》

本劇改編自藥王岳撰寫的同名小說，僅僅是一部電影的長度，但結構完整且兼顧細節。沒有任何故布疑陣，每個角色的心理都描繪得很精準，一步步帶領觀眾理解十四歲少年殺死同學的犯罪行為之背後動機，探究最重要的「為什麼」。

孩子會殺死霸凌他的同學，心理狀態是：「殺死心靈和殺死肉體，哪個比較壞？」青春期的少年愛恨強烈，很多時候只要有人可以傾聽與討論或是多點關心，理解其表面上張牙舞爪之背後的脆弱無助，就可能預防悲劇的發生。

全劇由少年父親的視角，貫穿少年司法處遇歷程，更能看到事件的整個系統網絡、司法處遇、媒體亂象、更生之路等，以及加害人、被害人、雙方家長、律師、少年調查官等不同角色的心理歷程。讓這個沉重的議題，透過各種角度及視野拼湊全貌。難能可貴的是，少年雖然成長於單親家庭（跟母親同住），出事後，已離婚的夫妻並未互相指責與推卸責任，父親更用盡全力幫孩子找最好的律師，常去拘留所陪伴孩子，深入地調查孩子犯罪的理由，並且始終支持與信任孩子。最後孩子被判刑兩年多，出獄後他仍陪伴孩子一起處理「贖罪」的問題。

戲劇的演出可以很完美，但為人父母要學習的不是完美，而是反覆檢查與思索自己有沒有類似的錯誤，及早扭轉才能阻止悲劇的發生。

3

單親家庭不等於問題家庭

1
我們回來了！今天晚自習有點久
走！爸爸帶你們去吃宵夜！
2
爸爸不吃嗎？
很好吃喔？
你們吃吧！我不餓！
3
最近學校發生什麼事呢？
我跟你說！
沒什麼！都是小事
4
兒子！你籃球進步了耶！好厲害！
最近學校真的有很多事！跟你說喔……

雙親健全家庭的孩子都可能犯罪或有心理與行為問題，何況單親？更常被「標籤」為問題家庭、弱勢家庭甚至高風險家庭。因為單親面對孩子的需求、心理、課業、行為等狀況時，更容易陷入力不從心、心力交瘁的窘境（缺乏財力、人力）。獨立支撐的壓力、無人商量的孤寂、鋪天蓋地的負面情緒等種種難以承受又不能放下的「重擔」，使得單親父母喘不過氣來。

單親家庭的二度傷害

不論離婚或父母一方病故、意外、自殺而形成的單親家庭，都對孩子產生程度不一的負面影響。大人自己都難以撫平創傷，何況是孩子？年幼的他們如何「化解心結」與「堅強地活下去」？

一位年輕的媽媽因懷疑丈夫外遇而夫妻分居，使得她的憂鬱症復發、割腕自殺。雖及時救回一命，但因與丈夫隔閡日深，終究還是離婚。不料，她竟於離婚當日再度自殺，使兒女永遠失去了母親。小學四年級的女兒鎮日沉默、好哭，夜裡不敢獨睡；國中一年級的兒子表面看來沒事，卻一直往外面跑，不想待在家裡。

二〇〇一年的某天傍晚，新北市淡水區一處民宅傳出墜樓意外。消防局到達時，十五歲國三學生陳柏勳已無生命跡象。他刻意換穿新衣、新鞋，從五樓頂樓的水塔墜落。

柏勳是獨子，父親在淡水龍山寺旁賣小吃。父母離異後，他和父親、爺爺、奶奶同住，自殺當天的中午，全家人還在同棟公寓二樓的姑姑家一起吃火鍋，沒人發現他有異樣。消防局接獲鄰居報案抵達時，父親、爺爺、奶奶仍在家中睡覺。

警方找到「遺書」，柏勳自稱不喜歡讀書，寫著：「已看破輪迴，要去另外一個世界，發揮自己的專才」、「請祖父母和父親不要難過，要好好照顧身體健康，因為死亡不是結束，以後還會再相見」。

父親表示，可能是兒子在單親家庭中成長，思想早熟，才會談到有關人生際遇、生命意義等話題，且對死後的世界很感興趣。半年前柏勳曾向他提到，覺得自己什麼都做不好，心情煩悶。當時父子倆徹夜長談，他還勸兒子不要輕易嘗試死亡。「可能兒子太過聰明才會這樣。」陳父表示，兒子個性木訥，沒聽說他有課業壓力或感情困擾，不清楚孩子尋短的原因。

青少年尚屬無憂無慮的年紀，怎會「厭世」？當柏勳提到「覺得自己什麼都做不好」，爸爸能否正確「判讀」孩子的心情？單親家庭對柏勳留下什麼陰影？柏勳與母親的互動狀況如何？當父親觀察到柏勳不尋常的想法時，曾向導師或輔導室求助嗎？

我想有個家

某次我帶領「華人無國界教師學會」的團隊到某個小鎮進行偏鄉教育體驗時，當地一名七歲男童「很自然地」對我說出下列四句話：

阿姨，我告訴你喔！我爸和我媽離婚了。

阿姨，我告訴你喔！我阿伯和阿姆離婚了。

阿姨，我告訴你喔！我阿叔和阿嬸也離婚了。

阿姨，我告訴你喔！我阿嬤都不管我，每天去唱卡拉OK。

我沒有發問，他就「和盤托出」全部家族隱私，表情及聲調都很正常，不像大人談起這類話題時會皺眉、嘆氣。但我感覺得到這孩子深深的寂寞，他需要有人陪陪他。我自己也是個沒媽的孩子，當年一樣七歲。我可能更孤單，因為我沒有阿伯、阿叔及阿嬤，我的單親爸爸一人要養大四個小孩（分別為七、五、三、一歲）。

如今，單親（及隔代教養）越來越多，尤其在偏鄉，原因除了離婚還有父母到外地工作、一方離家出走，以及父或母入獄服刑等。以離婚來說，有些是因為文化背景無法融合，如為「新移民」（通常是媽媽），在我那個年代則是「芋頭番薯」（我的爸爸是老兵、我的媽媽是客家人）。我的父母離婚後，我有時還能看到媽媽；但新移民的媽媽有可能回原本的國家，不容易再相見了。

父母一方離家出走或入獄服刑，使孩子成了「沒人要的孩子」，只能當遊牧民族（住校或輪流寄住親戚家中），這部分我也不陌生而且更悲慘。六歲時我的父親入獄，七歲時我的母親離家出走，但卻沒有地方讓我們四個小孩「遊牧」，只能待在家裡（偶爾有人接濟），所以爸爸常說：「你們是天養大的。」

單親及隔代教養的問題大家都不陌生，但真要解決就不容易，如：

1. 如何「歸還」或「彌補」孩子失去的親情？
2. 教養人力不足時，誰是「替補人選」？
3. 經濟弱勢時，如何「補償」欠缺的生活與教育資源？
4. 孩子的身心狀況及行為出問題時，誰來幫忙？

當年我們的功課跟不上，家裡也沒錢讓我們補習（參考書都買不起）。但因爸爸重視我們的前途，所以懇求學校的老師幫忙。幸好有些老師願意免費「學習扶助」（那時還沒有這個政策），以及還有「公費」的師範院校可以報考（不僅免學費，吃住穿及書籍、服裝都另外發錢，畢業分發學校教書），因此我才有機會靠著教育來翻轉人生。

在爸爸的追思會上，我帶著弟弟、妹妹唱了《酒矸倘賣無》這首歌，感謝爸爸給我們一個溫暖的家。

沒有天那有地，沒有地那有家，沒有家那有你，沒有你那有我。

假如你不曾養育我，給我溫暖的生活。

假如你不曾保護我，我的命運將會是什麼？

單親長路的教養訣竅

我有一位了不起的單親爸爸，為了讓大家參考他的教養訣竅，我公開他的「日記」與「家書」，呈現他堅強、智慧的一面，鼓勵單親及隔代教養家庭不要灰心、樂觀奮鬥。

「日記」誰都懂，但，什麼是「家書」？就是爸爸寫給兒女的信。我到臺北讀大學後，爸爸開始給我寫信。爸爸也會要弟妹給我寫信，另外還有不少「由他口述、弟妹代筆」的信。

在我大學畢業時，他將四年間寫給我的信裝訂成厚厚一本「家書」（封面寫著「國立師大四年家書」），令我相當震撼（看過的人也有同感），總共一百六十二封（這是我後來計算及標記，平均一星期一封）。為什麼能蒐集這麼齊全？因為在第三封家書的最後附註：「以後寫去的信要保存起來，寒假時帶回來。」所以我把「家書」帶回去給爸爸，原以為只是保存，不料竟成「史料」。

讓弟妹給我寫信，是為了凝聚手足親情，這部分的用意可以理解。但為何有些信是「父親口述、弟妹代筆」？一般人都猜測是父親生病了，無法親自寫信。其實這是他的教養絕招，藉由代筆而「一舉多得」。直接的是讓弟妹知道姐姐的狀況，間接的則透露父親對每個兒女的深切關懷與指導。

爸爸根本是把「單親教養」視同「終身志業」，兒女的前途就是他的「優先事務」、「績效」與「中長程目標」。如今我們都能在社會上有一席之地，我成為教育博士，小妹淑芳是護理博士，弟弟新民成功大學學士後醫學系畢業後，再獲大連醫科大學內科學碩士學位；大妹淑慧以在職進修方式取得大學文憑及多種證照。這個過程並不順遂，因為我們四個小孩都曾想放棄學習，也曾因行為偏差、誤交損友，而需要爸爸像「牧羊人」一樣帶領，以免我們脫隊成了「迷途羔羊」。

即使「優秀的孩子」，仍有許多使父母憂煩之處；只不過在頒獎或表揚時，大家只看成功或耀眼的一面，有意無意忽略「不完美」。雙親聯手還不一定能圓滿解決教養問題，而我的父親卻要單兵作戰，獨自面對一場至少二十年才看到盡頭的親子戰爭。

教養子女絕非神奇的「阿拉丁神燈」或「霍格華茲魔法學校」，挫折與失敗是大多數父母的常態心情。從黑暗到光明的路途遠比預期漫長，這些過程要讓子女知道嗎？單親故事如何能「轉悲為喜」或「先悲後喜」呢？綜合來說，我的爸爸「成功」了，其中的「要訣」整理如下：

要訣1：多與兒女談心

帶領子女要因應「個別差異」，爸爸頗能「因材施教」。但了解孩子的心理狀態，需要多花時間陪伴與談心。單親付出的時間與心力必然加倍，還需要體力及耐心。爸爸每天都與我們交流，不是普通的對話，如「功課寫完沒？考試怎麼樣？晚上幾點回家？」而是開放且深度的發問：「談談你前一年的檢討與未來一年的計畫」、「談談你的人際關係」、「談談你的學校生活」。藉由這些談話來蒐集訊息，以便及時預防及解決子女成長遭遇的問題。

如何誘導子女願意回應父母的關懷？爸爸的方法是帶我們「到馬路邊小吃攤吃消夜」(當時可是奢華享受)。雖然只是一碗陽春麵，但貧窮家庭就是「佳餚」。從家裡走到路邊攤是一段不短的路程，爸爸與我們邊散步邊談心。路過村子的小籃球場，還要我們坐下來「開個會」。

其實他白天工作已耗盡體力，但還是能「專心」與子女談話，讓我們感覺自己很重要、與爸爸很親密。當我離家讀書，爸爸改以信件溝通。這些做法影響了我對「溝通」的重視，因而開設許多溝通方面的課程，如溝通與激勵、領導與溝通、溝通與表達、情愛溝通、教學溝通、商業溝通等，爸爸可說是我溝通方面的啟蒙老師。

要訣2：讓子女承擔家務

媽媽離家出走後，因為弟妹還小，家事大都由我來做；不僅要洗碗、打掃，還包括買菜、煮飯、炒菜、洗衣服，以及撿柴、生火、燒水（做飯及洗澡）。洗衣服是用一個鐵盆，把衣服都丟進去加上洗衣粉然後用雙腳踩。

我及弟弟讀國中、大妹及小妹讀國小時，爸爸要我們共同分擔家事，還有白紙黑字、明確的工作職掌及獎懲規則。

工作分配表

王淑俐：1.平時：每晚洗全家衣物。
2.週日：掃地、擦三角櫃、洗電鍋、整擦個人書桌、洗窗戶。

王新民：1.平時：掃地、澆花、生火燒洗澡水、洗米、收摺衣服。
2.週日：洗杯子、洗浴池、洗廁所、洗飯桌、擦自行車、整擦個人書桌。

王淑慧：1.平時：買菜、炒菜、每月輪換洗收碗。
2.週日：洗洗衣機、洗菜櫥、洗冰箱、曬棉被、整擦個人書桌。

王淑芳：1.平時：擦客廳、洗米（下午）、生火燒洗澡水（下午）、每月輪換洗收碗、收衣服（下午）、洗衣（助大姐）、保管鎖、依父命做零碎之工作。
2.週日：洗客廳地板、每三星期地板打蠟一次、幫忙父親擦機車、整擦個人書桌。

附記：1.代理人：王淑俐→王新民→王淑慧→王淑芳→王淑俐。
2.週日晚上八點前一切工作必須完成。
3.每月最後一週頒獎績優一人（由上述四人投票選出）。
4.違父命則扣除獎金（次數最多者），違父命次數由淑芳紀錄，功過可相抵。
5.依個人交情互助不在此限。

要訣3：期待與賞罰「差異化」

社經背景較低的父母，常擔心自己能力不足，使孩子發展受限。例如無法指導孩子課業，無力讓孩子讀更好的學校或去補習。於是可能採取極端的態度，不是期望過高或高壓手段，就是宿命論而不再期待（相信天生不平等，讓孩子自生自滅）。

我的爸爸選擇「中庸之道」與「胡蘿蔔政策」，不論子女眼前的課業成績如何，對於孩子的期望都只比現狀稍稍高些。就像為了鼓勵馬兒前進，讓牠看得到眼前的胡蘿蔔，為了吃到而一步一步向前走。當我們進步了，爸爸就很高興，並不會過度抬高標準，以免孩子累得喘不過氣來。

我和弟弟讀高中及國中，大妹及小妹讀國小時，爸爸訂定了每個孩子的「個別化」成績標準及獎懲辦法。

王家子女教育獎懲辦法

王淑俐：獎勵⑴平時：任何科目90分以上5次者↓10元。

⑵月考：四科80分以上、二科70分以上↓20元。

懲罰⑴平時：三科不及格↓2板。

⑵月考：一科不及格↓2板。

王新民：獎勵⑴平時：一張獎狀↓30元。

⑵月考：全部70分以上↓10元。前五名至第一名為50、50、100、150、200元。

懲罰：月考一科不及格↓2板。

王淑慧：獎勵⑴平時：一張獎狀↓30元。

⑵月考：三科90分以上、無不及格↓30元。

懲罰：月考一科不及格↓2板。

王淑芳：獎勵⑴一張獎狀↓20元。

⑵月考：前三名至第一名為30、40、50元。

懲罰：月考一科不足90分↓2板。

從前的父母大多數會體罰孩子，但我的爸爸只象徵性地打兩下，但獎勵的時候卻特別慷慨且標準從寬。當時我不明白「為何弟妹的標準比我低、獎金卻比我高」？爸爸回答：「有錢能使鬼推磨」，例如小妹淑芳特別適合「重賞之下必有勇夫」。在她重考高中時，因為父親的「重賞策略」，讓她在補習班七十五人中，從第三十名、二十名，一路上升至第十名、五名、第一名，進步神速。後來她考取第一志願高雄女中，五專也可登記第一志願高雄工專或文藻外語學院（後來決定讀高中）。

要訣4：善於激勵

每次提到爸爸的激勵故事，都好像變魔術或創造奇蹟。他總能在子女身上看到各自的長處與努力，例如父親常在親友面前讚美我：「我的女兒就是手不釋卷」。這使我「信以為真」，將「書本」變成標準配備，隨時隨地帶著一本書，偶爾還要停下來做「閱讀表演」，讓別的父母對子女說：「你看人家王姐姐多麼用功，多麼喜歡看書啊！你們要多學學。」爸爸常在事實發生前「提早讚美」，現今的用語即是「超前部署」。

爸爸相信「無論如何失敗，只要努力就會成功」。當我課業受困、怎麼都學不會時，爸爸說：「困難是因為還不會，學會就不難了。」這讓我相信學習不是靠天生聰明才智，而是後天的「愚公移山」。

後來我離家到臺北讀大學，他每週至少一封家書進行「遠距鼓勵」。我一直很好奇，爸爸對弟妹又如何「激勵」？以小妹淑芳來說，遭逢「家變」時不到兩歲、在地上爬，她眼中的爸爸又為何形象？

淑芳曾是慈濟技術學院護理系專任副教授，多次獲得「教師學術評量卓越獎」及「教學績優獎」，接受報紙及電視臺專訪時她說：

爸爸的「六十分哲學」及「德智體群四育並重」，深深、持續影響著我。

淑芳從小是運動高手，舉凡田徑、跳高、跳遠、游泳……樣樣精通、得獎無數，但就不喜歡讀書。此時，爸爸「認真」地說：

人不應該在上學的時候讀書，放學的時候還讀書，書看多了，傷眼睛哪！

這口吻很像《佐賀的超級阿嬤》（當時還沒有這部電影），對任何一個不喜歡讀書的孩子都聽得進去。淑芳說：

每次想起小時候的學習經驗，不論是小學時有些老師規定「考不到一百分、少一分打一下」，還是高中看見五十幾分的考卷就掉眼淚、覺得自己糟透了，但爸爸總是說：「你已經很厲害了。教育部說及格是六十分，超過的就是贏，不夠也只差幾分，這樣已經很好了。」

說出這段話的爸爸，不僅是「說話的藝術家」，更是「說話的魔術師」。淑芳常說，因為這樣的鼓勵，當她「輕易」就能達到六十分時，就不再排斥讀書了。而且對自己產生了信心，覺得讀書並不難！

國中畢業時，淑芳沒有考取任何公立學校，想去工廠賺錢。爸爸知道當年唯有升學才能脫貧，但強迫她讀書只會造成「反效果」，於是爸爸說：

人活著還有許多事情可以做、可以學習，不是只要唸書！德智體群要並重。所以，每一個人都應該多出去玩，多出去做運動，去與別人談話，行行出狀元。

在父親的認同下，淑芳展開「加工區作業員」的生涯；然而不到一星期她就發現，這樣緊湊又重複的工作，完全沒有「多出去玩，出去運動，或與別人談話」的樂趣。她覺得「還是讀書好」，於是決定發奮圖強，進入補習班準備重考。

為了誘發淑芳讀書的動力，爸爸「投其所好」，以考上高中就給予高額獎金的方式來激勵，終於使淑芳成了補習班的「黑馬」。爸爸在日記上說：

淑芳重考一年期間非常用功，全班七十五人，第一學期總成績從第三十進步到第十六，第二學期就考進第一。每天按時上學、準時回家，讀書到深夜。實在疲倦想睡覺時，為了不打瞌睡，就跪在地上讀書、站在椅子上讀書。

與她訂定的獎懲辦法是，以第一次考試總分為準，分數進步一分獎金十元，月考進步一分獎金二十元。平時退步一分扣獎金五元，月考退步則扣十元。週考前十名第一名二百元、月考三百元，第二名減十元。若在四十名以外，則罰站三十到四十分鐘。第一學期改為罰跪，並且每次退步一分打手心兩板，月考則為跪讀及自打手心三板。

不少成功人士認為，不應該只求低分飛過，而要追求卓越。如國廚阿基師說：「不要抱著六十分哲學，可以做到九十分，就要做到九十分。」然而不是每個人都能達到九十分，對某些人可能是「最遙遠的距離」。所以爸爸面對「還不及格」的淑芳，只鼓勵她「達到及格就好」，並告訴她「及格就很厲害了」。這不僅讓淑芳鬆了一口氣，並且激發出鬥志。她發現自己不僅能及格，還能考得更好。

「如果爸爸眼中，考及格就很厲害；若考得更好，爸爸一定很驚喜吧！」淑芳想。你看出其中的訣竅了嗎？我的爸爸不僅是魔術師，還是好演員，能將孩子的成就給他的「喜悅」，演得「層次分明」。這部分我也很有體會，爸爸總能對我的好表現，發出「戲劇性的」讚嘆。

淑芳從高雄女中畢業後，就讀中山醫學大學護理系（獲得「建校五十週年傑出校友獎」）。結婚生子後，公費赴英國進修，取得利物浦大學護理碩士。年過四十，再取得高雄醫學大學護理學博士學位（並獲「最佳博士研究生獎」）；也是國內首位取得「國際認證泌乳顧問」資格、並在醫院開設「母乳諮詢門診」的護理人員。

在學生眼中，淑芳是位怎樣的老師呢？

淑芳老師給人的印象是開朗大方，在學生眼裡是位好夥伴，有她在的地方就有笑聲。淑芳老師認為你如何看待你自己，別人就會如何看待你。所以她鼓勵學生要有自信，別人對你才會有所肯定。

淑芳老師常常在幽默、輕鬆的氣氛下，帶領同學「思考」；同學可以自在、自信的回答問題，如果答錯了，老師極少責備；答對了，老師一定給予大大的鼓勵。因為如此，激發學生主動尋找更多問題及更多答案。

得之於單親父親的教導，她養成的態度與特質是什麼？淑芳對自己的描述是：

我出生於高雄縣大寮鄉眷村，母親因故與父親離異，父親獨自扶養當時才兩歲大的我及其他三位兄姐。父親一生豁達無懼，教育子女採「無為而治」的自主教育。最敬愛及親切的父親雖於二〇〇四年二月往生，然而父親的「六十分哲學」依舊引領著我朝向「均衡發展」與「知足常樂」的生涯邁進。由過去之成長背景與人生歷練來看，我認為自己最大的優點是：

1. 開朗的個性與積極進取的人生態度。
2. 不畏艱難，勇於向自己的弱點挑戰。
3. 樂於與他人合作，共同成就好事。
4. 一往直前，勇於負責的態度。

爸爸教導我及淑芳的方式截然不同，淑芳是「六十分哲學」，對我則是「要做一百二十分的準備」。但我們都很幸運，有一位樂觀奮鬥、因材施教的好父親。他知道如何為孩子的「未來」鋪路，因為成功絕不可能「一步登天」。

要訣5：絕不放棄（勤能補拙，各展長才）

這部分在我們四個身上都看得到，因為我們都不太聰明，靠著不斷苦讀才能突破。大妹淑慧的奮鬥最為艱苦，所以對這點的感受最深。她覺得爸爸的教育哲學是「每一個孩子都有他的特長，對任何孩子都不能放棄。」淑慧說：

爸爸常直接說我：「你最笨、最不會唸書、可是你善良不計較，你傻！」但我並不生氣，因為他更常說：「傻人有傻福」、「吃虧就是占便宜」。其實我不是不計較，只是爸爸的觀念讓我覺得，所有的苦反而是自己占了便宜、獲得更多。

我很自卑，因為哥哥、姐姐及妹妹都很會唸書、有好的成就。可是爸爸卻對我非常的肯定，向別人介紹我的時候都說：「這是我最漂亮、又溫順的女兒。」所以爸爸有許多朋友很喜歡我，要認我做乾女兒。

爸爸對我影響最深的一件事，就是要大姐一定得把我介紹進入「全國教育會」工作（會址設在臺師大，當時大姐在那兒任職）。因為只有在那兒工作，才較有機會認識到跟大姐一樣有學問及工作穩定的人、能嫁到好老公。

爸爸真是「有遠見」，的確如此，後來我因為在全國教育會辦理「口才訓練班」，認識了我未來的嫂嫂趙己燕老師，她就是來參加課程的學員。她將擔任電腦工程師的小叔介紹給我，我幸運地真的嫁到好老公了。感謝爸爸、感謝姐姐，讓我擁有了安穩與未來的幸福。

當時我在工作上遭遇很多困難，去問大姐時，她都不肯聽我說話，對我非常嚴格，只讓我覺得自己不能讓她丟臉。可是爸爸從來不會讓我覺得我會讓他丟臉，他總是很民主的把我當成朋友、聽我訴苦，給我信心，說我做得到。很有耐心的回答我生活與工作上的所有問題，讓我充分感受到爸爸的愛以及支持我的力量，讓我能勇敢向前。

爸爸對我的愛非常具體，每次回高雄的家，他總騎著機車到機場接我，並且先買好我愛吃的東山鴨頭，還親自滷豬腳給我吃。那是爸爸愛的味道（哭）。

我在外商公司工作，才第一年的新人，就要上電視臺銷售公司的商品。那時我非常緊張，在電話裡頭告訴爸爸這件事，爸爸立刻回答：「你有什麼好緊張的，你就上去，沒有問題的。」那天是他往生的前一天，一直到最後，他都是那麼愛孩子，對孩子那麼有信心。

父母成長區

書籍：《父母離婚後》（朱蒂絲．沃勒斯坦等著，二〇〇五）

我國對於離婚問題的看待與處理，有其矛盾之處。一方面認為這是大人的事，幾乎不考慮小孩的感受；但社會上又不公平地認為離婚家庭就是不健全家庭，甚至是問題家庭，直接聯想這樣的孩子容易成為問題兒童和青少年，實際上這是一個「刻板印象」。

單親形成的原因很多，之後還可能再組織「繼親家庭」或「重組家庭」（雙方都再婚，各自帶著子女重組一個新的家庭）。離婚對孩子有哪些影響，在之前就要考量清楚。包括孩子跟誰同住？如何共同教養？對孩子可能造成哪些誤解與危害？都需依照孩子的年齡或成熟度，跟他們個別解釋。

如果再婚，也必須了解孩子的感受或困擾，尤其是如何與繼親和對方的兒女建立關係。這些都需要提前好好準備，不要等事後孩子產生了偏差行為或心理疾病，才不斷回想哪裡出了問題。

本書作者朱蒂絲是位臨床心理學家，另外兩位共同作者，茱莉亞是心理學教授，珊卓是科學新聞的特派員。書中內容包括在離婚過程中有些父母的錯誤行為，如爭吵、暴力等對孩子造成的影響。書中有很多的實際案例，可供類似家庭做很好的參考。

第二篇

「剛剛好」的溝通

4

有一種好，叫做「父母為了你好」

1
不准看電視！過來
讀英文！
2
假日有鋼琴課，去什麼
同學家！
3
沒有所有科目都考九十分以上，
再增加補習！
4
將來妳成功了，就會感謝媽媽了
知道嗎？
我不知道……

許多父母不覺得自己「教養不當」，是因為被偉大的目標所遮蔽，也就是希望孩子成功。彷彿只要孩子成功，運用一切手段都值得。

「控制教養」是不適任教養行為最常見的一種，父母明示或暗示若不遵守要求將承受嚴重後果。父母的控制無所不在，小至如何交友互動、大至生涯規劃。通常伴隨「這是為你好」、「是因為愛你才這樣對你」的訊息，讓孩子想反駁的心意轉成罪惡感，只好無力地選擇順從。

控制教養除了使子女產生疲憊、焦慮、憂鬱、困惑等負面心情，對無法控制人生感到無助外，日後自己可能轉化為控制孩子的父母，繼續嚴格左右孩子的人生。

「為了孩子將來成功」的教育信念

我的父親很擅長與孩子溝通，包括「面對面交流」及「書信往返」，且都掌握得恰到好處。溝通是一門技藝，不是「看一看」就能學得會。我試圖模仿父親的做法，卻「畫虎不成反類犬」。使用不當的原因是我的「動機不良」，因為我也把溝通目標放在「孩子要考高分、進好學校」。

作家王文華曾發表〈向下開的櫻花〉一文，提醒家長看清「滿級分的福與禍」。王文華說，自己會考試，上過第一志願。但他擔心的是，大家只看到成功的一刻，卻不知道這些第一志願的學生後來怎麼了。

當你考上狀元時，大家爭相報導。二十年後，當你憂鬱、破產、入獄，甚至自殺時，很少人會關心，更少人會把你跟當年那個狀元聯想在一起。

王文華指出，父母誤以為「會考試的兒女一定十項全能」，而且一直對孩子施壓。其實，第一名、滿級分這些只在求學時有意義；進入社會，很少人還在乎這些。人生的考題很難，沒有人能每一科都得高分，但有多少父母與王文華有一樣的體悟，能及時醒悟呢？

虎媽的戰歌

《華爾街日報》曾刊登一篇書評〈為何中國母親更勝一籌？〉，是針對耶魯大學法學院教授蔡美兒的自傳《虎媽的戰歌》(*Battle Hymn of the Tiger Mother*)一書。蔡美兒說：

中國的家長是怎麼把子女教養得那麼成功的……這我倒是可以告訴你，因為我是過來人。

蔡美兒的「過來人經驗」是指絕不准女兒做下列事情：

1. 去朋友家過夜。
2. 參加朋友聚會。
3. 參加學校話劇演出（或「抱怨不能參加學校話劇演出」）。
4. 看電視或玩電腦遊戲。
5. 自己選擇課外活動。
6. 任何一科成績低於A（除了體育和戲劇以外）。
7. 彈奏鋼琴或小提琴以外的樂器（或「不彈鋼琴或不拉小提琴」）。

看到這些「絕對不准」，你會否感到「不可思議」？更好奇的是，她為什麼要這樣做？能完全執行嗎？

在美國，華人子弟學業優異早已廣被認同。《虎媽的戰歌》引發廣泛討論，是因為察覺到美國開始沒落，「中國崛起」更讓美國備感威脅。《時代》(*TIMES*)雜誌將虎媽故事登上封面，蔡美兒獲選二〇一一年「時代百大人物」，這使美國媒體對「中國式教育」再次感到緊張。在此之前的震撼在二〇一〇年底，中國首次參加經濟合作與發展組織（OECD）舉辦「國際學生能力評量計畫」（PISA），上海取得了三十四個參加國家或城市中的最好成績。

雖然虎媽和女兒們一直鬥心機、比耐力，但女兒的表現仍然非常出色。大女兒蘇菲亞申請到哈佛及耶魯兩所頂尖大學，一家人出席百大人物晚宴時，母女三人一團融洽、極為親密。這些都令美國人困惑，難道虎媽教育真的比「西方媽媽」好？

蔡美兒的原生家庭各個非常「成功」，都有極高的學術成就。蔡美兒是四姐妹的老大，是一九八四年哈佛大學的「極優榮譽畢業生」（magna cum laude），一九八七年也以「榮譽畢業生」取得哈佛法學院法學博士學位，在校時還擔任《哈佛法律評論》(*Harvard Law Review*) 主編。

二妹美夏畢業於耶魯大學法學院，三妹美文擁有哈佛大學法學、哲學及醫學三個博士學位，任教於史丹福大學。小妹美音雖是唐氏兒，但母親並未放棄她；除了練鋼琴、畫圖、背九九乘法表，還獲得國際殘障奧運游泳項目兩項金牌。父親蔡少棠是菲律賓華人，從小渴望去美國，當麻省理工學院接受他的申請後，不到兩年即取得博士學位，擔任柏克萊加大電機系教授。母親也很優秀，以全班第一名成績畢業於聖湯瑪斯大學化工學系。

第一代移民都希望子女能在美國立足，融入主流社會並出人頭地。蔡美兒的父母以嚴厲教誨造就子女成為傑出學者，不惜以「羞辱」方式（包括罵孩子「垃圾」），激發兒女的鬥志與潛能。奇特的是，孩子不僅不覺得自尊受傷，還能從中找到力量與自信。

蔡美兒說自己在中學階段有一次歷史競賽得了第二名，邀家人來參加頒獎典禮。因為不是第一名，所以爸爸對她說：「以後絕對不可以再讓我那麼丟臉。」雖然朋友多半以為蔡美兒過得很可憐，但她卻說在這個奇怪的家庭裡找到力量和自信。

蔡美兒小時候因為對媽媽出言不遜，被爸爸罵「垃圾」。她覺得這句話很有效，讓她知道自己很糟糕而非常羞愧。且爸爸的責罵沒有傷到她的自尊心，反而覺得是被父親看重。所以有一次蘇菲亞對她非常不禮貌，她也罵孩子「垃圾」。

蔡美兒認為她的成功歸功於父母的嚴厲管教，蔡美兒敘述自己的學習歷程是：

每天下午都要在家做數學習題和彈鋼琴，絕對不准去朋友家過夜……成績單必須每一科都是優等。

蔡美兒可以接受這樣的教養方式是因為「在中國的文化裡，孩子對父母的要求絕不敢置喙，或者不聽從、頂嘴。」

美國移民一般到了第三代就會走向衰微，蔡美兒下定決心「絕不讓蔡家衰微」，她的「反衰微活動」展現在古典音樂及課業兩項。「只學習有意義、難度高的活動，如鋼琴、小提琴，而非隨隨便便的活動，如手工藝、打鼓。」古典音樂和懶惰、俗氣、被溺愛相反，而課業成績則「一定要拿第一，這樣才有可以謙虛的本錢。」「絕對不要抱怨、找藉口。學校就算有什麼事看起來不公平，只要加倍努力，表現再好一倍，證明自己的實力就好。」

中國媽媽的教育觀

蔡美兒以「中國媽媽」自居，因為她屬虎，給自己取名「虎媽」，並以屬虎為傲。

屬虎的人「人格高尚、無所懼、個性強、有權威、有魅力」，而且常受幸運之神眷顧。

蔡美兒這個「中國媽媽」（泛指華人傳統文化的媽媽）的教育觀點及做法，整理如下：

注重學術成就

中國父母的成功，建立在孩子的學業成就上。他們花許多時間及精力督促孩子的功課，認為只要「夠用功」（反覆不斷、不屈不撓的練習、做許多測驗卷），就能拿到「頂尖」成績。

學術成就反映出教養成功，反之即代表有「問題」，每天陪孩子做功課的時間，是西方媽媽的十倍。

因為對子女懷有很高的期望，所以當小孩把B的成績拿回家（蔡美兒認為這只是假設，絕無可能發生），會引起父母尖叫和氣急敗壞的反應。大受打擊後，中國媽

媽會拿幾十張、甚至幾百張測驗卷和孩子一起練習，練到孩子的成績進步到A為止，且她們認為這是孩子能力所及。

高壓手段

中國媽媽不認為學習有何樂趣可言，而且孩子大都被動、抗拒「下功夫」。唯有勤勉及紀律才能擴展自信、學得本事，所以父母通常得堅忍不拔地繼續要求。不屈不撓的練習、練習、再練習，是追求卓越的不二法門。當孩子的表現優異之後，自然會產生「成就感—滿足感—學習動機」之間的良性循環。

小孩子一旦開始精通某件事情，無論是鋼琴或是數學，就會得到讚美、欽佩和滿足感，讓這個原本不好玩的事情變得好玩起來，而這又使得父母更容易讓孩子再加把勁。

有一次，蘇菲亞的乘法演算競速成績，輸給一個韓國男孩。接下來那個星期，蔡美兒每天晚上讓蘇菲亞做二十次練習，每次一百題，此後蘇菲亞就都是班上第一名。

為了讓孩子達到頂尖，中國父母不惜責罵、懲罰及羞辱子女，他們相信子女可以承受。

要是拿不到，只有一個原因，就是不夠用功，所以當然要予以責罵、懲罰和羞辱。中國家長認為子女夠堅強，承受得了這種對待，而且成績會因此變好。

成功才有自信

虎媽堅信成功與自信的「正相關」，小女兒露露七歲時練習彈鋼琴曲〈小白驢〉，一個星期都練不來。露露賭氣不練，虎媽一陣拳打腳踢，還將琴譜撕爛，即使丈夫也無法勸阻。

我們沒有吃晚餐就這麼一直練到晚上，而且我就是不讓露露起身，不讓她喝水，甚至不讓她上廁所。……意想不到的是，就在這個時候，露露竟然做到了，她的雙手突然就配合得起來。

蔡美兒當時揚言不給露露吃午餐、晚餐，沒有聖誕節、哈努卡節禮物，以後兩年、三年、四年都不幫她辦慶生會。告訴她別再偷懶、害怕挑戰、縱容自己，別做出一副可憐相。雖然丈夫要她不再羞辱露露，但結果證明虎媽「永不放棄孩子」的教育方式有效。虎媽對於能以事實來說服丈夫，感到相當自豪。

兩個女兒的鋼琴和小提琴練習無一日間斷，包括生日、生病。即使出國旅行，虎媽也能租到鋼琴讓孩子練習；雖然因此破壞了旅遊行程與興致，只要成功、獲得讚美，虎媽覺得「一切值得」。

我和露露常常陷入越演越烈的冗長爭執，浪費了許多時間，常常不是錯過了博物館開放時間，就是不得不取消餐廳訂位。這一切都是值得的。

即使休假，孩子琴藝仍然進步，這令音樂老師嘖嘖稱奇，又「增強」了虎媽的教育信念。虎媽強迫露露報考茱莉亞音樂學院，結果落榜。此時虎媽想到的不是面對失敗，而是快速找到下一個成功目標。她要趁早確保露露達到和蘇菲亞同等程度的成功，否則就來不及了。

中國家長非常不擅長處理失敗，……中國式的教養模式只有一個，就是設法成功，在這個目標下自然形成了「信心、努力、獲得更多成功」這個良性循環的運作方式。

替孩子做決定

在虎媽眼中，與子女是不需要溝通的；孩子只能乖乖聽父母的話，不能有自己的意見。

中國父母自以為清楚什麼對子女最好，所以不把子女所有的欲望和喜好當一回事。

所以孩子永遠不敢對父母說：「我要參加學校的話劇演出！每天放學後三點到七點都要在學校排戲，週末你也要送我去學校。」蔡美兒自己的成長過程也是如此，她的父母從不給她任何選擇，從不問她的意見和看法。

做模範兒童

虎媽從小就是個備受讚美的「模範兒童」，所以她希望兒女像她一樣，別讓父母丟臉。

蘇菲亞和露露是模範兒童，她們彬彬有禮、討人喜歡、樂於助人、談吐得體。她們是資優生（蘇菲亞的數學能力領先同學兩年）……演奏古典音樂的功力讓人人稱奇。

常有家長問她到底有什麼教養祕訣？蔡美兒認為，她所認識的亞洲孩子，雖然承認父母嚴格得令人受不了，但還是孝順父母，而且心懷感謝、全無怨恨。

孩子對父母的質疑與反抗

虎媽並未描述自己曾否質疑過父母，但二女兒露露卻從三歲開始反抗她。

我與露露的關係很難描述，用「全面核武戰爭」還不足以形容。諷刺的是露露非常像我，因為她遺傳了我的壞脾氣、毒舌，還有不記仇的個性。

露露三歲第一次彈琴時就不肯彈，而且鬼哭神嚎、拳打腳踢。於是虎媽把她拖到後面的走廊門口，把門開得大大的（戶外溫度零下六度），威脅露露：「若不聽話，就到外面去。」

我下定決心，就算把命豁出去，也要教養出聽話的中國小孩。

沒想到穿著單薄的露露竟然走了出去，怎麼勸都不肯回屋。虎媽為了避免被兒福機構關起來，只好苦苦哀求及賄賂露露，她這才心滿意足地進來泡熱水澡、喝熱巧克力。

不過露露也低估了我。我只是再重新整裝罷了。戰線已經拉開，只是她還搞不清楚。

從此以後，母女戰爭長達十年。

露露練琴時，我們母女之間總是少不了唇槍舌劍，不是威脅勒索，就是出言恐嚇。

露露六歲第一次上小提琴課時，虎媽就對她說，蘇菲亞九歲得到第一個演出獎，露露會比姐姐更早拿到獎。但露露說她討厭比賽，一點也不想學小提琴。虎媽威脅要打她屁股，而且不給她吃晚餐，這才把她送進教室。

虎媽知道女兒不滿她的教養方式，但她不惜令孩子討厭、與孩子鬥智，也要為孩子開創成功的人生。

蘇菲亞和露露的感情超好，兩人成為戰友，共同抵抗專橫又狂熱的媽媽。「她有病。」我會聽到他們兩個壓低聲音說，然後吃吃地笑。

虎媽不在乎孩子的批評，她常對兩個女兒說，當媽媽的目的就是為孩子的未來做好準備。露露十二歲就考上夙負盛名的青年管弦樂團「首席」（年齡比大部分團員都小），獲得康乃狄克州「神童獎」。所有成績都是A，法語和拉丁語朗誦比賽也獲得冠軍。但露露的反叛更加明顯，不肯練琴、對虎媽的一切都唱反調，故意在公開場合頂撞虎媽。虎媽的母親看了都忍不住提醒蔡美兒：

你不要這麼固執，你對露露太嚴格、太過頭了。你將來會後悔的。……你不能做爸爸和我以前做的事，因為時代不同了。露露不是你，也不是蘇菲亞。她的個性不同，逼不得的。

然而虎媽仍不放手，母女爭吵越演越烈；有一次露露要求剪頭髮，虎媽說：

你跟我講話這麼沒禮貌，拉孟德爾頌時又不肯表現出音樂性，你還指望我開車送你去你要去的地方嗎？

當晚母女大吵一架，露露把自己鎖在房間，用剪刀把頭髮亂剪一通。丈夫傑德要虎媽一定得改變，問題已經很嚴重了。但虎媽不為所動，她告訴傑德：

沒什麼大不了的，不要無中生有製造問題，我可以處理的。

一次，一家人去俄羅斯旅遊，母女倆在莫斯科紅場的一家咖啡館發生激烈衝突，十三歲的露露向母親吼著：

你根本就不愛我，你以為你愛我，你愛我才怪。你只是分分秒秒的讓我覺得自己很差而已。……你是個可怕的媽媽，你自私，你只想到你自己。……你為我做的每一件事其實都是為了你自己。

虎媽也大聲回應：「你是個可怕的女兒。」

露露當場砸碎玻璃杯，虎媽覺得自己一輩子都不屑於西方父母管不好孩子，而今自己的孩子卻如此不尊重人、沒有禮貌、暴力、失控，於是虎媽跑了出去，像瘋子似的邊跑邊哭。

虎媽會這樣逼迫孩子，來自她的母親；從小到大，虎媽沒有一件事令母親滿意。即使身為教授，她邀請母親來參加自己的公開演講；大家都誇獎她講得精彩時，母親仍不停地提供一些聽來刺耳的批評。

虎媽一直認定中國子女不論父母如何苛刻，仍然敬重、孝順父母。可是，她自己的父親並不這樣。因為祖母不尊重父親的選擇、不在乎他的自尊心，使他討厭家人，並逃離那個妨礙他發展、令他窒息的家；蔡美兒的爸爸幾乎當他的家人已不存在這個世上。

虎媽終於放手了，她同意露露離開管弦樂團首席（露露想空出週六上午打網球），也不用每星期天去紐約上小提琴課。面對二女兒的叛逆，虎媽雖然修改了教育方式，但她表示「大多數時候」還是用中國媽媽的方式教育子女。她為女兒們感到驕傲，她們不僅在校表現很好，而且都很善良、寬容、獨立。

大女兒蘇菲亞進入哈佛大學研讀哲學和南亞研究，畢業後加入美國陸軍成為二級中尉，並攻讀耶魯法學院碩士學位。小女兒露露也進入哈佛大學，專攻藝術史。蘇菲亞曾對謾罵她的媽媽讀者們，做了書面回應，叫做〈我為什麼愛著嚴苛的中國媽媽〉(Why I Love My Strict Chinese Mom)：

很多人質疑你養育出的是不會思考的機器人孩子，……我思考，正是你嚴苛的教育才迫使我成為一個獨立的人。

什麼才叫有意義的人生？……是知道我已經盡了全力，發揮了我的全部潛能。

儘管蘇菲亞也曾懊惱小時候沒能跟朋友出去玩（因為必須參加鋼琴夏令營），但十八歲成年之後，她卻深深感謝虎媽的嚴苛，使自己做得到原本絕不可能的事。蘇菲亞說，即使明天死去，但知道自己已經把生命活出了百分之百，都很值得，所以很感謝虎媽。

蘇菲亞為了成為美國陸軍，在哈佛修課期間還參加ROTC（預備役軍官訓練營）。在繁重的課業之餘，每週一、三、五早上五點就起床，參加體能訓練和課程培訓。

露露讀哈佛大學時，表示很多人都誤解「虎媽」。其實虎媽不同於「直升機父母」，她不會時刻盤旋在孩子的上空監視，而是在孩子學會做人做事的道理後選擇「放手」，因為虎媽相信女兒已經有能力在人生路上不做出令自己後悔的選擇。

父母的「驚醒」

劉軒在〈怎麼養小孩？從《虎媽的戰歌》看華人母親的兩難〉一文提到，美國家長一方面被虎媽嚇呆了，怎能對兒女施加如此的壓力與極端要求？又不得不佩服她們獲致的成就——大女兒十四歲便在卡內基音樂廳獨奏，二女兒是學校交響樂團首席，被世界名師收在門下。

劉軒發現自己的成長背景跟書中情節類似到離奇的地步，他彈鋼琴，妹妹拉小提琴。妹妹當過學校交響樂團首席，一樣考過茱莉亞音樂學院。劉軒則在十幾歲那年登上卡內基的獨奏舞臺，劉軒的母親也屬虎。

劉軒從「過來人」（美國移民家庭）觀點解讀亞裔父母的心情。他們會這麼嚴厲的原因有三：

1. 希望孩子接觸高等文化，成為人上人。

2. 讓他們在幼年時就透過練習學會刻苦耐勞的精神，鍛鍊自律的能力。

3. 逼他們獲得一些成就，在同儕之間脫穎而出、建立自信。

劉軒不認為每個孩子都能透過練琴來鍛鍊自律能力，而且這類孩子到了大學的自由環境，反而無法適應。小時候贏得一些比賽和獎項雖對自信加分，但這個成就必須靠自己獲得而非父母逼迫。

虎媽夫妻或劉軒的父親都擔任大學教授或名師，對孩子有很高的期望，也能成為兒女的教練，督促他們獲得「金牌」。但身為餐廳服務員、工廠作業員的父母，何嘗不希望兒女成功？他們也試過嚴格的管教，但無奈不僅「事與願違」，還造成兒女無可彌補的傷害及兩代嚴重的衝突。

從虎媽的種種做法看來，天下父母因此「驚覺」或「警覺」到什麼？

如果兒女可以「選擇」，他們想成為「人上人」嗎？

頂尖的學術成就、超前的傑出表現，也許不是兒女想做的事（為此過得「不像人」）。他們與父母的價值觀不一定相同，他們也盼望父母能接受及支持不同於父母的選擇。

父母應多思考「我如何與孩子討論他的未來？我如何教導孩子從失敗中學習？我如何培養孩子積極、進取的態度？」這樣就足夠了，而非一定要贏過別人或非常優異、傑出。

兒女期盼怎樣的家庭與家人關係？

除了督促孩子練琴或寫功課，子女更盼望一個整潔溫馨的家庭，家人一起親手準備營養、可口的食物，從容地共同用餐。希望父母聆聽孩子說話，親子之間的感情很好。

父母應多思考「我的孩子尊敬及信任我嗎？我與孩子的溝通有哪些障礙？我能夠正確讚美及鼓勵孩子嗎？我花了多少時間與心思為孩子準備食物？我做了什麼努力使他們擁有好心情？」

對兒女言語羞辱及身體掌控，要付出什麼代價？

「虎媽」也許活在「女兒很成功、母女感情很親密」的自我陶醉當中，所以覺得對兒女的言語羞辱及身體掌控都很值得，完全不考慮可能造成什麼身心傷害。

但父母還是要檢討「我可能正在或曾經傷害、虐待孩子（語言、身體、精神）嗎？我是否不尊重、不信任孩子？這樣做，對孩子的未來會否造成負面影響？會否得不償失？」

父母是否因本身的問題而遷怒於兒女？

虎媽因為自己父母的教養方式使她成功，因此「複製」到兒女身上。即使她知道自己的父親並不滿意爺爺奶奶的教養方式，甚至彼此形同陌路，蔡美兒仍選擇忽視這個「後果」。至於虎媽自己或與丈夫之間是否還有其他問題，書中所談甚少。父母會否因自己的問題而遷怒子女？例如夫妻感情不睦、工作過於忙碌且壓力很大、單親的疲憊、父（母）在外地工作而疏於親職、脾氣不好、失業等，這些未解決的問題會嚴重影響心情，以致不小心將負面情緒宣洩在孩子身上。

如果孩子有特殊狀況而無法嚴厲要求，怎麼辦？

雖然虎媽有個妹妹是特教兒，但她的母親仍給予嚴厲要求，這樣的做法真的適合每類特教兒嗎？

現實狀況是孩子若為「愛奇兒」（angel，代表各類身心障礙的孩子）、課業的後段生、被霸凌、想休學、想自殺等狀況，嚴厲的管教有用嗎？不會造成悲劇嗎？父母有能力應付及有效幫助這些特殊的孩子嗎？

「為了你好」的溝通與教養方式，會造成「過於保護」及孩子的依賴心，甚至產生對父母服從或反抗的衝突。這樣的父母即使在孩子漸漸長大，還是經常表達「靠你自己，怎麼可能成功」、「少了我，你果然還是不行」、「你依然不成熟，要我操心」的訊息，希望把「控制」延續下去。

父母到底要何時才能真正放手？如何漸進的放手？

父母成長區

書籍：《資優生教養的頭痛問題》（王意中，二〇一六）

每個孩子都是獨一無二的，若你家的孩子特別鬼靈精，不要再「負面思考」他們為什麼不能和別的孩子一樣，因為他有可能是個資優兒。

資賦優異簡稱「資優」，英文為 gifted，語源來自 gift（禮物），是指上天賜予的天賦。這是與生俱來的能力，無法透過提早學習或補習而獲得。

大多數資優生年幼即展現天賦，他們多半反應快、記性佳、學習力超強。也因聰明絕頂而特別古靈精怪、活潑好動，意見、疑問也很多。不只家長頭痛，對老師的教學也是一大挑戰。

作者為臨床心理師王意中，他進一步指出，每個資優生皆是獨立的個體，但在資優孩子身上，多少具有以下特質：

1. 強烈的求知慾：對知識學習滿懷熱情，喜歡追根究柢，但因過於急切想探詢答案，常忽略當下情境是否適合發問，故易被視為衝動、不尊重他人。

2. 高標的自我期許：對自我表現要求完美，不允許出錯或失敗。一旦挫敗，便可能陷入一場情緒的災難。

3. 高品質的專注力：做喜歡的事情可長時間專注，任誰都打擾不了。另有些資優生具有「分散性注意力」，能夠一心多用。

4. 細膩的理解力：對事物的理解速度快且細膩，但常把自己與事物過度連結，認為那些事都與自己有關而為此所苦。

5. 善表達與愛發問：能精準的表達個人看法，加上多半具有批判性的思惟，容易讓同學、老師覺得聒噪、愛現，或老是在唱反調。

6. 敏感的情緒反應：感受事物的能力極強，但敏感加上過度解釋，讓他特別會往死胡同鑽，陷入情緒風暴中。

7. 人際相處不易：並非欠缺幽默感或不懂得與人分享，但因所說內容常太深奧，而被同儕覺得自以為是、很難相處。

王意中說，資優生的特質雖然很難明確判定其對錯好壞，但明顯有別於一般孩子。常被老師、同學誤解，甚至被當成「問題學生」。

父母除了為自己的資優兒感到驕傲之外，更要注意隨之而來的許多問題，如龐大的壓力（包含競爭、比較、輸贏）、情緒控管（包含自卑、憂鬱症、焦慮症）、人際關係（很難交到知心好友、手足問題）、特教問題（過動、高功能自閉症——亞斯伯格）、時間管理等，所以父母更要注重親子溝通、親師溝通。

5

化解親子的心結

1
我的責備和埋怨，卻變成你心裡的結
考這種分數，才不是我兒子！
2
我如何才能看到你的另一面？
我回房間念書囉！
最近我們好像沒有其他話題了
3
我讓你流淚，我內心也徬徨沮喪
4
兒子對不起！成績不用特別好
你只要找到想走的路，快樂就好！
成績不好你也會愛我嗎？
那當然！
就讓我們彼此原諒吧！

現今父母常感嘆，為何從前經濟不富裕時孩子較為懂事、忍耐，能體諒父母的辛苦、感恩父母的付出？而今物質享受比從前好得多，孩子卻不滿意，常與父母對立？

父母希望孩子用功、懂事、有責任感、找到人生目標、結交益友，但求好心切與急不可待之下，溝通方式（含身體語言）並不適當。如不斷責怪孩子懶散、幼稚、不負責任、缺乏目標、虛度光陰等，反而把孩子推向深淵，與父母的距離越來越遠。除非父母承認自己有問題，才能改變溝通策略、化解誤會，真正贏得孩子的認同。

不被父母了解的痛苦

我有個學生頗為消極、悲觀，他苦笑說，是因為父母把他的翅膀剪斷了，現在他不想飛也不能飛了。以前他想做什麼父母都不同意，而今他沒有夢想了，只想離家越遠越好。

孩子想飛有什麼錯？如趙傳的成名曲《我是一隻小小鳥》：「想要飛呀飛卻飛也飛不高。」孩子各有優點，父母不能拿同一標準衡量不同的孩子。有些孩子的天分不在學科，而是體育、藝術、人際關係、創意、領導才能。所以父母不要執著於學業成績，而要突破自己的「視框」，看到孩子學業之外的「亮點」。心理師王意中說：

亮點的界定沒有一定的標準，只要是這個家庭的成員彼此認可的就是。例如貼心懂事、善解人意、謙虛、尊重、溫和有禮、誠實、信任、自我負責等。

長遠來看，好的品格與特質，比好的學歷更經得起考驗。並不是每個人都很聰明、會考試，即使名校畢業，也不等於未來一定會成功。

兄弟姐妹之間別陷入成績、排名等課業的比較，尤其家中有個資優生時，父母更要小心造成「手足失和」，因為：

資優生這三個字有時就像魔音傳腦，對於家中其他孩子來說，更像是面對深海聲納一般的尖銳、惱人。……發揮同理心，適度把它關閉吧！

有些父母有意無意將「資優生」三個字掛在嘴邊，認為可以激勵孩子。但其實，即使對當事人而言，「資優生」也不見得是個光環。資優班的競爭壓力很大，容易感到挫敗與自卑，他們的心情可能是：

進入這所人人稱羨的夢幻高中，對我來說一點也不夢幻，甚至可說是一場我想拔腿就跑的噩夢。我到底是誰？沒了第一名光環的我，還是原來的我嗎？

考上第一志願的學生，從前是班上的第一名，但而今焦點不在自己身上時，會否懷疑自己的能力甚至存在的價值？

功課好的孩子也有相對的煩惱，如忌妒、不受歡迎、與人難以建立親密關係等。不擅長讀書的孩子卻可能活潑善良、熱心助人，只是這些優點被學業成績所抹殺。

孩子的煩惱除了學業，還有人際關係、情緒管理、自信心等。所以，當他們出現「負面行為」，往往是一種「求救訊號」，不是真的「變壞」了。就算孩子交到壞朋友或有偏差行為，只表示需要父母的接納、關懷與及時導正，父母千萬不能只是生氣、失望，甚至直接放棄孩子。可惜，許多父母會加倍責備與誤解孩子，不能同理他們內心的痛苦與想要變好的需求。

親子溝通的「避險策略」

親子溝通不良，會帶來哪些風險？後果是否能夠承擔？如孩子頂撞、忤逆、逃避父母，甚至翹課、離家出走及犯罪，還有心理疾病、自殘、自殺等。

一對高中生戀人，因為父母反對交往，於是一起離家出走。經報警被找到且分別被帶回家後，竟然相約在女生的住家墜樓殉情（女死男重傷），造成極大的震撼與無可彌補的遺憾。女生的父母說：

我們沒有堅決反對他們交往，可是女兒談戀愛都忘了讀書，成績一落千丈，為人父母該怎麼辦？

女生的父母難過地說，女兒在校成績原本名列前茅，後來被愛情沖昏了頭，課業嚴重退步；為了和男友見面，還不時說謊。加上連續接到學校「女兒行為不當」的通知，讓他們相當失望。

由於升學在即，父母把女兒找回來後，原本希望孩子先以課業為重，愛情暫放一邊，一切等考上大學再考慮。不料女兒竟然想不開，做出無可挽救的傻事。

由上面的案例來看，要如何改變親子溝通策略，才能避掉這場悲劇？

孩子功課退步及說謊時

發現孩子談戀愛而功課退步及說謊時，父母直接及情緒性地指責或強迫他們選擇課業（前途）、放棄愛情（浪漫），兩者都不可行。因為都不是孩子真正的意願，難以徹底執行。在孩子心目中，還是愛情比較重要。

適當的做法是先表達父母的擔憂（功課退步）及難過（孩子說謊），但更要聆聽孩子的理由與想法，共同商議親子都能安心的後續行動。然後耐心觀察一段時間，看看還有哪些需要再次協商之處。

不要完全阻隔兩人的互動，可用「暗示」及「打草驚蛇」的方式，和子女討論兩性交往的一些問題，觀察子女如何調整自己的行為。若不理想，再花些時間商討後續的可能道路。

總之，不要操之過急，不要強逼他們接受父母的安排。即使父母的做法是對的，也要考慮孩子的個性與身心狀況。有些孩子會強烈反彈，甚至「走極端」（離家出走、自殺）。

學校通知孩子在校有不當行為時

父母被學校通知「孩子行為失當」時，固然感到羞愧與焦急，但還是應先冷靜下來，了解事情的始末。父母若公開指責、直接把氣出在孩子身上，或「情緒勒索」以造成孩子的罪惡感，都會造成孩子更大的逃避與抗拒反應。

適當的做法是以理性態度與導師或輔導老師共商合作策略，親師一起引導孩子，使其兼顧課業及純純的愛。一段時間之後，再評估效果及調整策略。不要一下子就誇大了孩子的問題，以「立即拆散他們」的方式來解決，結果反而「弄巧成拙」、「欲速則不達」。

找回翹家的孩子時

若仍重複先前的做法，強制拉開孩子、不准他們見面，結果只會「適得其反」，讓他們更加堅定「在一起」的決心（「問世間情是何物，直教生死相許」）。

適當的做法是父母暫時妥協，認同兩人在彼此心目中的地位。鼓勵他們以自然交往的方式持續下去，作為未來能否長久相處的考驗。

雙方父母也應「結盟」，共商如何關懷及照顧孩子。若能與孩子交往的對象做朋友，應更能了解對方的狀況，也會贏得孩子的信任。

現代的孩子較為早熟，有些國小學童已開始接觸愛情。父母不要故意「視而不見」，這是身心發展正常歷程。也不要急於阻止，將課業退步完全怪罪於「戀愛」（或對方）。越反對只使青少年越加自我捍衛，誇大「愛情的力量」。甚至不惜向父母宣戰，產生激烈的抗爭。

我國的父母較「不願意」或「不知如何」與孩子進行「性教育」，彷彿是壞孩子才會嘗試的不良行為。如林奕含在《房思琪的初戀樂園》一書提到，思琪有兩次想向父母說出自己被性侵的遭遇，但父母的反應卻讓她徹底失望了。一次是在餐桌上，思琪看似輕鬆地問媽媽：「我們的家教好像什麼都有，就是沒有性教育。」媽媽詫異地看著她，回答：「什麼性教育？性教育是給那些需要性的人。」思琪明白了，在這個故事中，父母將永遠缺席。

另一次，思琪用一種天真的口吻對媽媽說：「聽說學校有個同學跟老師在一起。」媽媽的回答是：「這麼小年紀就這麼騷。」思琪在那一瞬間決定，從此一輩子不說話了。

既然不能向父母求助，奕含只好把和已婚老師在一起的痛苦、矛盾，自我催眠為「這就是愛」，否則就太痛苦了。書中說：

想了這幾天，我想出唯一的解決之道了，我不能只喜歡老師，我要愛上他。你愛的人要對你做什麼都可以，不是麼？

「李國華老師」為何那麼容易對少女性侵得逞呢？書中說：

他（李國華）發現社會對性的禁忌感太方便了，強暴一個女生，全世界都覺得是她自己的錯，連她都覺得是自己的錯。罪惡感又把她趕回他身邊。

因為性教育不足，孩子被性侵也不敢聲張，使性侵害犯罪人繼續毫無顧忌。奕含生前受訪時曾說：「人類歷史上最大規模的屠殺，是房思琪式的強暴，我很確定臺灣現在、此刻也正在發生。」

林奕含寫這本書並不能讓她淨化心靈，因為「那些確實瘋了的房思琪，或是不能再去上學、被父母關在家裡不見天日的房思琪，也不會再出門，不會神智清醒，連李國華也不會有改變。」

由「房思琪們」的悲劇可知，孩子從青春期開始，父母就應「主動」與他們談論與異性互動、戀愛（包括同性戀）、交往與分手等問題。如歌手戴愛玲所唱《對的人》，就是不錯的兩性交往態度與方式。在選擇適合的人方面，如：

愛雖然很美妙，卻不能為了寂寞，又陷了泥沼。
愛要耐心等待、仔細尋找，感覺很重要。

在處理失戀方面，如：

那次流過的淚，讓我學習到，如何祝福，如何轉身不要。
在眼淚體會到與自己擁抱，愛不是一種需要，是一種對照。

何時才算準備好、夠成熟，可以談戀愛了呢？如：

誰願意為了一份愛付出去多少，然後得到多少並不計較。
當我想清楚的時候，我就算已經準備好，放手去愛，海闊天高。

到了高中階段，父母應該更深入地與孩子談論婚姻與家庭的責任、性行為與避孕等問題（學校課程也會教導）。以開放的態度與孩子「談性說愛」，擔任孩子的愛情顧問，以及分手的心理輔導人員。讓孩子能多元開放的思考，得到正確的訊息（包括介紹相關書籍與電影）。以免受到恐怖情人的傷害，或因闖不過情關而自我傷害。

若孩子的個性較為剛烈，任何勸導都無法阻擋，父母只能耐心等待，以愛與理性來面對。實在無力處理時，不要拖延或羞於求助，可透過公正、可信任的第三人，包含親友、學校輔導老師、心理諮商師，一起協助孩子看到自己的愛情盲點、了解愛情的全貌，並走出愛情的迷霧。

打破親子溝通的惡性循環

東方父母與孩子溝通時的惡性循環，通常來自太注重課業表現，對於其他則採取輕忽或壓制方式，例如：

輕忽孩子的興趣與能力

父母會說：「你喜歡的那些（街舞、搖滾音樂、動漫、籃球等）沒有意義，將來不能當飯吃，還是快點放棄吧！把心思放在功課上才是正事。」這樣說使得孩子：

1. 喪失學習興趣與自信：因為你認為沒用的東西，恰是他的專長與熱情所在。
2. 失去奮鬥目標：那些你要他放棄的事物，正是他認為生命中最重要的部分。
3. 感到生活空虛乏味：若都順從父母的意見，他將失去生活的重心與情感寄託。
4. 影響人際關係：你的阻擋使他不能與志同道合者一起活動，讓他陷入孤獨。

輕忽孩子的努力與付出

父母會說：「我都沒有看到你的努力，就算有，你的付出也還是不夠。你現在這個樣子，怪不得輸別人這麼多，快去多寫幾份測驗卷吧！你知道當你在休息的時候，別人已經跑得多遠了嗎？」孩子聽到這些話，一方面覺得你冤枉了他，不能為他加油或給予肯定。再方面也覺得反正不管怎麼努力，永遠跑不贏別人；既然距離已經拉開了，不如乾脆放棄，於是將父母的碎碎唸當成「耳邊風」。

輕忽孩子的困難與心情

父母會說：「數學有多難？只要你上課專心，回家多練習，每天做五十題，怎麼可能學不會?」如果孩子的課業已經落後許多,寫練習題備感吃力,越寫越痛苦、越想逃避。多做測驗卷只是加深挫敗感而已!既不能得到父母的同理心與具體協助,父母又不斷戳到自己的痛處,長期下來,痛恨的就不只是課業了。

壓制孩子的想法與計畫

父母會說:「不要再辯解了,你想做的事情根本不可能成功。讀什麼餐飲科?在廚房工作的人需要什麼學歷?你的志氣就這麼一點點?」孩子的計畫被你否定後,他也不想再嘗試其他事情了。當最後一絲奮鬥的動力消失,從此就變成一個消極悲觀的人。

壓制孩子的真話與反彈

父母會說:「聽我的沒錯,我的人生經驗可以讓你少奮鬥很多年。別再囉嗦了!快去補習!快去練習!小孩子都貪玩,如果不逼,誰肯用功讀書?你將來一定會感謝我。」要孩子去補習、練習,除了孩子不一定會成功,就算成功了也可能不快樂甚至埋怨父母。

壓制孩子的期待與建議

父母會說：「我對你還不夠好嗎？花在你身上的錢還不夠多嗎？我沒時間煮飯給你吃，就是缺乏家庭溫暖嗎？要求你分擔家事，就是過重的負擔嗎？」你這番話只證明了不想了解孩子，當他對你感到失望，也不會在乎你對他有什麼期望了。

上述錯誤的溝通方式，我全都犯過，我對長子鈞豪就是如此。可以想像後來的慘狀，真是「誤己子弟」啊！幸好兒子經歷一段「無動力火車」的日子之後，還能朝著自己想做的事情前進。「催化劑」為何？除了他自身的歷練與成長，當然包括我的懺悔與改過。

言語暴力的危害

父母對孩子的身體暴力較易界定，言語暴力則常與管教風格混淆，如同虎媽蔡美兒覺得羞辱孩子是必要的手段，所以不少孩子感到「受傷」（傷害自信與心情），卻不敢抱怨甚至投訴。

依據《家庭暴力防治法》（二〇一五年二月四日修正）第二條：

1. 家庭暴力：指家庭成員間實施身體、精神或經濟上之騷擾、控制、脅迫或其他不法侵害之行為。
2. 家庭暴力罪：指家庭成員間故意實施家庭暴力行為而成立其他法律所規定之犯罪。
3. 目睹家庭暴力：指看見或直接聽聞家庭暴力。
4. 騷擾：指任何打擾、警告、嘲弄或辱罵他人之言語、動作或製造使人心生畏怖情境之行為。
5. 跟蹤：指任何以人員、車輛、工具、設備、電子通訊或其他方法持續性監視、跟追或掌控他人行蹤及活動之行為。

「家庭暴力」中屬於精神上的不法侵害包括：

1. 言詞攻擊：用言詞、語調予以脅迫、恐嚇，以企圖控制被害人。像謾罵、吼叫、侮辱、諷刺、恫嚇、威脅傷害被害人或其親人、揚言使用暴力等。例如辱罵三字經、謾罵對方的無能愚蠢、恐嚇殺死全家、威脅再也見不到小孩等語言。
2. 心理或情緒虐待：竊聽、跟蹤、監視、冷漠、鄙視、羞辱、不實指控、破壞物品、試圖操縱被害人等，足以使對方畏懼或心生痛苦的各種舉動；另外，不當的過度關愛，給對方的生活帶來嚴重的困擾，也可能造成心理的虐待。

依據兒童福利聯盟網站，「二〇一九年台灣兒少遭受家長言語暴力經驗調查報告」，將言語暴力定義為：「用傷人的、有辱自尊、人格的話語對待，例如用羞辱貶低、威脅恐嚇、大吼大叫的方式，讓人感到害怕、心理受傷、不如別人」。研究結果發現：

1. 約三分之一（32.5%）的兒少曾被家長言語暴力管教，5.2% 的兒少總是或經常被家長言語暴力管教。
2. 僅有 28.3% 兒少的反應是「接受並改進」，以符合父母的期望。更多為負向的反應，依序為：「感到生氣、憤怒」、「不服氣」、「不認同言語暴力管教」、「認為自己被當成出氣筒」、「想反抗報復或擺爛」、「想要傷害自己」。
3. 被家長言語暴力，對兒少心理的影響包含：失眠、焦慮、憤怒、憂鬱、自卑與自殺意念，顯著高於未曾被家長言語暴力管教的兒少。
4. 言語暴力對受暴者心理的傷害、對人格的貶抑和自尊的減損，恐怕是長期而持久的，甚至延續為管教下一代的方式。

5. 女生更容易受到家長言語暴力，造成的情緒困擾也較嚴重。

父母為何要謾罵、吼叫、侮辱、諷刺、恫嚇、威脅兒女?可能是「愛之深，責之切」，或是情緒失控、遷怒。父母應時常自我反思、修正和練習，並認識、理解孩子的需要和感受。和孩子的言語互動應採「正向管教」原則，常檢視自我情緒狀態和使用的言語(包含肢體語言)。不可使用暴力言語，要多說支持和鼓勵的話。

將好意轉化為正向語言

正向語言包括口語(verbal)行為及非口語(nonverbal)行為，前者為用字遣詞，後者為表情、肢體語言、語氣與聲調。用字遣詞的好壞對比如下：

普通的父母	卓越的父母
你怎麼那樣懶惰？	你努力些，可以做得更好。
你怎麼那麼會搗蛋？	你的聰明可以用在適當的地方。
你怎麼那麼笨？	找到了訣竅，你會進步。
你真是敗事有餘！	成功之路還需花點力氣尋找。
你真是騙子！	你所講的不是真實。
你真是自私！	你可以試著為別人著想。
你真是頑固！	別人的意見常有可借鏡之處。
你真是浪費時間！	你可以更有智慧地運用時間。
你是人見人怕！	你可以與別人相處得更好。
你怎麼那麼愛現？	你需要別人的注意，爸媽愛你！
你真是長舌婦！	你講話可以精簡些，我會更喜歡聽。
你真是沒出息！	你能從別的角度找到自己的長處。

你的脾氣真暴躁！	你可以控制自己的情緒。
你是個膽小鬼！	勇氣是需要經過鍛鍊的美德。
你真討厭！	你不那樣做，我會很高興。

非口語的部分包括：

1. 眼神接觸：這是基本的待人處事之道，藉此「眉目傳情」（傳達內在情感）以及觀察孩子的反應。
2. 保持笑容：父母在孩子年幼時大都能笑臉以對，孩子漸長，父母的笑容也漸少。如今則需多練習微笑，展現父母的和藹可親及幽默風趣。
3. 專注聆聽：子女說話時，要放下手邊的事情（若有事需先處理，也要告知，並約定何時再談），把孩子擺在最優先的位置。要專心聆聽，並仔細觀察孩子的非語言行為，以你的表情及語音聲調，表達對他的「同理心」。
4. 情緒穩定：即使父母很疲憊或生孩子的氣，也要先掌控及轉換自己的情緒（暫停或換個人接手）；要「悲觀後樂觀」（不要過度樂觀或悲觀），多看事情正向或樂

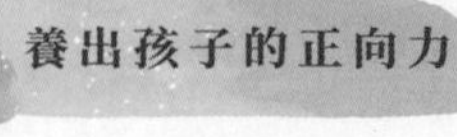

觀的一面。

5. 注重禮貌：對待孩子一樣需要尊重，謹守該有的「人際界線」。夫妻間的相處、互動（或三代同堂），常是孩子很好或錯誤的示範，不可不慎。

化解親子間的心結

慈濟大愛臺的戲劇《生命圓舞曲》片尾曲《原諒》，有些歌詞可作為父母改變說話方式的「提醒」與「鼓舞」。

責備成心結

很抱歉現在才察覺，原來愛不代表了解。我對你的責備和埋怨，都變成你心裡的結。

父母總口口聲聲「愛孩子」，卻不了解孩子的興趣、能力與各種困擾。只是一味指責與埋怨，形成親子之間重重的「心結」。

父母其他有意無意造成孩子心結的狀況還有很多，如重男輕女、偏心、言語暴力、肢體暴力、放棄孩子、夫妻失和、批評其他家人(配偶、爺爺奶奶、外公外婆、叔叔、伯伯、阿姨)等。

表達非叛逆

很高興你肯幫我去發現，每顆心都是一個世界。於是我能更靠近一點，看到你的另外一面。

當孩子願意表達，即使看起來像叛逆或頂嘴，父母還是要努力聆聽(多聽少說)。這樣才有機會知道孩子的心聲，認識孩子另外的面向(可能正是美好的一面)。

原諒孩子對父母無心的傷害

當我原諒你曾給我的傷，我的悲慟也得到釋放。我想許多讓人流淚的人啊！其實心裡也很徬徨也很沮喪。

孩子的某些言行舉止雖令父母感到傷心，但他們大都不是故意的。表面上看來是不聽父母的勸導，其實是因為自己不知該何去何從，很需要別人的了解與協助。

當我原諒你曾讓我失望，我們臉上都有了陽光。我想許多冷漠倔強的人啊！其實是很怕承認，自己是很需要愛吧！

原諒孩子表現得不如父母期望

通常父母期望過高或忽略孩子真正的興趣與能力時，對孩子感到失望，應該是父母的錯吧！孩子雖然偽裝與倔強，其實內心多麼渴望父母給予「無條件的愛」（不論孩子成功或失敗）！

有些孩子在物質上不匱乏，但缺乏陪伴及談話，渴望父母專心地給他講故事、陪他一起活動，分享生活中的喜怒哀樂。父母該由哪一方來負起這個責任呢？以往區分「嚴父慈母」、「白臉黑臉」，通常把教養責任推給某一方（多半是母親），造成「假單親」現象，使主要照顧者壓力過大，甚至不堪負荷。

而今，父母都需要「平衡家庭與工作」，若一方覺得家庭負荷過重，應坦誠自己的感受，與配偶或其他家人好好溝通，說出自己的無助與需要幫忙之處。家庭問題就是家人共同的問題，要大家同心協力、互相扶持。父母並不完美，他們也有需要解決的問題。一定要先把自己的事情處理好，否則哪有心力關注孩子？

總之，以感謝／幽默回應／達成協議／合作等溝通模式，取代永無止盡的碎碎唸／高調說教／強迫命令，讓親子雙方有彈性迴旋的空間，使孩子能自行思考、嘗試與抉擇。不以父母權威、地位來壓制孩子，就事論事、平等對話，以柔克剛，不要硬碰硬、兩敗俱傷（雙輸）。

父母成長區

書籍：《如何叫得動青春期男孩？》（亞當．普萊斯，二〇一九）

英文書名 *Empowering Your Son to Believe in Himself*，作者亞當．普萊斯（Adam Price）從事兒童、青少年與家庭諮商工作超過二十五年。他點出男孩在現代教育體系、社會環境的困境，提出自己在治療中使用的策略，引發青少年的自身能力與信心。

書中說，男孩到了國、高中，脾氣變得又硬又怪，愛甩門、愛發脾氣，聽人講話不耐煩。問他任何事只會說「不知道」、「隨便」，要他做什麼都叫不動，變成一條只會打遊戲的大懶蟲，父母因而擔心兒子就這樣成為人生失敗組。

其實，頹廢懶惰的表面之下，暗藏著深層的恐懼。青春期的男孩承受生理與心理的巨大變化，特別害怕失敗、被否定。當他們發現無法滿足外界的期待時，就以頹廢、懶散來偽裝自己，掩飾內心的慌亂與不安。

所以，面對青春期兒子，作者告訴你：

1. 青少年的腦部大幅重組，這就是他們這麼怪的原因。
2. 他可能看起來是大人，但他的大腦結構跟你完全不一樣。
3. 別被他的「假獨立」給騙了，他其實很需要你。

普萊斯博士提供多種溝通策略，如有效的精神喊話、家庭會議技巧，取代碎碎唸和責罵。培養兒子的成就感與責任心，使其成為強壯卻不失內心柔軟，獨立卻不失對家人體貼的新時代男子漢！

本書提供二十個以上個案說明、十二張親子檢測表範例、七張自我評量表，科學化地整理出「兒子」的問題，系統化教導父母如何改善問題，讓兒子成功轉大人。

6

溝通技巧需要反覆練習

孩子，爸爸沒辦法了
只能把你們送孤兒院
為了不讓你們覺得我偏心
所以一個都不留！
等等！
爸爸，你放心，我們都不會
去孤兒院！
我們願意半工半讀
撐起這家！
家人就要在一起！

「溝通技巧」要做到「知行合一」比想像中困難許多，許多家人之間連基本對話都很「欠缺」或「單一」，如日本趨勢專家大前研一的發現：

不只是親子之間沒有對話，夫妻之間沒有對話的情況也時有所聞。……經常聽到的是夫婦倆就連吃飯時間都湊不在一起。

話題「單一」是指：

家中的話題一直圍繞在學業上頭，除此之外，就沒有其他對話，全家一直盯著電視看。

父母覺得「多讀書」總是好事，但家人相處的話題若只剩「課業」，就毫無說服力，反而阻礙了親子交流。

親子溝通「平時」勝於「戰時」

為人父母常以為自己跟孩子的溝通還不錯，但孩子的感受卻不是如此。父母以為孩子不表示意見，就代表乖巧、聽話，殊不知可能是自我壓抑、迎合或不敢反抗，甚至覺得父母固執己見、無法改變，不想再溝通。

另一種父母則對孩子什麼都不跟大人說感到困擾，越心急或強迫他說，孩子越欺瞞、躲得更遠，該如何突破？

有一次，我到某高職擔任親職教育講座，結束時請家長寫下對親子溝通的「領悟」，他們寫著：

1. 我要和孩子多溝通、多鼓勵，少給壓力。
2. 我體會到自己對孩子的付出不足，日後要多關心與支持孩子。
3. 我常用權威對待孩子，不信任、不接納他們的想法，難怪孩子只是表面順服。
4. 溝通要讓孩子口服心服，而非強制把自己的想法灌輸給孩子。
5. 溝通首要能跟自己的內在溝通，自我覺察很重要。
6. 父母與子女之間要有良好的互動，傾聽及愛的行動比言語更為重要。
7. 我很後悔沒在子女更小的時候多參加這類課程。
8. 孩子是我們最親愛的人，但因心急或期望，說出許多傷害他們的話。未來會盡力多和孩子溝通，我要加油。

9. 多說正向、讚美的話，使孩子「加分」、活得有尊嚴。如「得之我命，不得我幸」（原句為「得之我幸，不得我命」），使他們從失敗中學習。

10. 對孩子也要注意禮貌、專注聆聽；親子意見不合時，要尊重孩子的選擇。

上述溝通技巧看似簡單，真要「即知即行」，也是一大工程。尤其面對蛻變時期的青少年子女，更要注重溝通技巧（因為他會反嗆或完全不理你），如我的恩師賈馥茗教授所說：

與青少年溝通的原則是——多誇獎，少批評及指責，要多用鼓勵、獎勵的方式。……把命令變成與他「商量」，讓他學習的「主動力」能夠出來。承認他的存在，讓他參加「決定」。

也就是說，父母要多採取「誇獎—鼓勵—獎勵—商量」的溝通模式，避免使用「批評—指責—命令—強迫」的權威模式。

掌握改變語言的關鍵

孩子是主體，而非父母的財產或附屬品。父母應扮演陪伴、輔佐的角色，不能主導與控制。父母應以下列箴言來正向思考，練習更好的溝通方式：

1. 看到孩子的優點。
2. 不論孩子聰不聰明，都是有價值的人。
3. 重要的不是考了幾分，而是孩子的興趣、性向及能力。
4. 讓孩子覺得自己有能力、有自信。
5. 不要縱容、放棄孩子，別讓他變成「不能教化的人」。
6. 不要著急，孩子的障礙有待時間突破。
7. 活在當下，不要一直想著孩子的未來會怎樣。
8. 對孩子不只是付出，還要懂得接受及享受。
9. 要正確判斷「賺錢與孩子的未來」孰者為重。
10. 讓孩子「及時」享受親情。

父母改變語言即可能改變孩子的人生，改變語言並不是那麼困難，只要掌握下列關鍵，就能逐漸增強親子關係，使孩子前途光明。具體招數如下：

鼓勵孩子「表達己見」，並多予回應及交流

從前的父母基於權威或忙於工作，與子女不太親近、相處時間不足（尤其是父親）。如今雖然父母權威減少了，但是智慧型手機的發達使親子之間的直接交流似乎越來越少。孩子不清楚父母的職業狀況或家中困境，父母不知道孩子喜歡哪些歌手及經常互動的朋友，彼此缺少共同的話題。

很多時候親子關係或孩子的「現狀」，並非表面上看到的那樣。父母「自以為是」的結果往往「差之毫釐，謬以千里」，錯失改善的時機。不如相信「魔鬼藏在細節中」，父母對於本身的溝通方式應「抽絲剝繭」，對於孩子的反應則「明察秋毫」，才能「水落石出」、「撥雲見日」。

親子溝通要「不厭其煩」，不是囉囉嗦嗦的「單向灌輸」，而要鼓勵孩子多多表達，父母則應專心聆聽。即使孩子的意見與自己相反，也要聽他說完；當他說完了，還要再問：「還有沒有想說的？」避免孩子為了討好或逃避父母，而陽奉陰違、自

欺欺人。

先聽後說、多聽少說，讓孩子敢說、能說。不批判、不否定、不輕視（潑冷水），讓孩子能夠清楚表達自己的主張（有主見）。

和孩子「多商量」

與全家或孩子有關的事物，都要聽聽孩子的想法，了解這些事物對他們的影響，一起商量雙贏的策略。不要低估孩子的判斷力，他們的建議有時更直接、有力。至少他們會很高興得到你的尊重，因此變得更加懂事。

父母不可先斬後奏、自作主張，不顧子女的權益與感受。以我為例，爸媽離婚後，因為爸爸的身體不好，擔心自己難以獨力撫養四個孩子長大，所以與身為長女的我，商量一件「大事」。

爸爸說，他與媽媽討論過了，媽媽願意分擔兩個孩子的照顧責任。否則我們四個都得送孤兒院，一個都不留。這是為了避免日後我們恨爸爸偏心，通常會留弟弟吧！

我不過小學四、五年級，但事關我的未來，當然要有發言權。於是我告訴爸爸：

這兩條路都不能走，我們都跟著爸爸！爸爸不用擔心，我會好好照顧弟妹。

不去孤兒院，是因為我不願無父無母、手足分離。而我更不願意的是跟媽媽走，我知道媽媽一定會選小妹淑芳與我，為什麼？因為媽媽對小妹愧疚，想多照顧她。但她與別人生了小孩，無力再多帶一個大妹，又不可能帶走唯一的兒子（爸爸不會答應，因為會改姓），所以只剩下我囉！但我是絕對不肯去叫別人「爸爸」的，何況那個人是破壞我家的敵人。

這些內心小劇場，很難跟爸爸解釋清楚。但我感謝他與我商量，以及接受我的建議。

讓孩子「一起做決定」

與商量接近的是，如果孩子與父母的想法相違，父母要先耐心為孩子解釋、分析，最後做決定仍應多考慮孩子的意見。即使孩子的年齡太小，不適合做決定，也不可毫不商量、直接替他選擇，以免造成孩子一生的悲劇。

尤其是孩子的生涯規劃或未來志向，更應以孩子為「主體」，讓他學著「做決定」。若我們真正尊重他，親子之間可以像朋友一樣，孩子就願意請教父母，聽聽父母的意見。即使最後他的決定是錯誤的，或一再更改，都是一種學習與成長，而不是失敗與浪費。

為孩子「記錄成功」，愛的「具體化」

父母往往恨鐵不成鋼，希望孩子「好還要更好」。若孩子一直未達標準（父母常把「高標」視為理所當然），就不自覺地越罵越重，不管孩子能否承受。

若從在意缺點轉為注意孩子的成功，天天幫孩子寫「成功日記」（可以跟孩子一起記錄）。久之，因為焦點放在孩子的好表現上（五到十條即可），親子雙方即可共同走向康莊大道。

如何以具體行動，讓孩子感受到父母的愛？並非只是送禮物、吃大餐，更重要的是「心誠則靈」。我的父親一直讓我們覺得自己很重要，這並不需要花很多錢，例如他出差回來（爸爸在糧食局工作），總會帶些當地農民送的農產水果給我們吃。我讀大學時，他像「集點」似的「儲存」一些衣服食物，然後一起寄個包裹給我，爸爸叫它「百寶箱」。他在家書上說：

百寶箱收到了吧？那是些小東西，也是爸爸的心意，你不要說什麼。裡面有件毛衣不知道你是否喜歡，如果不理想，過年回來時再買一件給你。還有餅乾等，與大妹（在臺北讀金陵女中）分食，雖然不好，但這是我的心意，希望你們姐妹高興。

協助孩子「安定心情」

父母要安撫孩子的情緒，自己先要保持情緒穩定。若父母易於情緒激動或對孩子冷漠，這種陰晴不定、古古怪怪的情緒表現，將使孩子沒有安全感，擔心動輒得咎，變得畏縮、沒自信；或模仿父母的情緒表現，經常暴躁、不耐煩、嘔氣、口不擇言等。

父母要以身作則，即使家庭面臨一些經濟或疾病的困境，也要做好自我情緒控管，讓孩子了解家庭狀況，共同解決問題，營造一個溫暖、安全與快樂的成長環境。父母要積極示範「不怕困難」的精神，讓孩子學習「樂觀奮鬥」。

貧困的環境使爸爸無法在物質上滿足我們，但在情緒控制方面，他做到了教育名家福祿貝爾(Friedrich Fröbel)所說：「教育無他，愛與榜樣而已。」

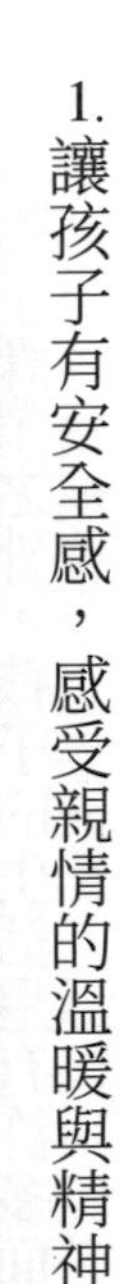

1. 讓孩子有安全感，感受親情的溫暖與精神的滿足。
2. 不隱瞞家境困頓的真相，也不隱藏自己真實、負面的情緒。
3. 不遷怒，不因種種不順心而任意宣洩負面情緒。

我讀大學時，他在第十七封家書說：

老年人最怕寂寞，老而無伴最為可憐。自從你去臺北之後，爸爸更是感到孤單，有事無人商量，有事無人幫忙。每天我下班回來，沒有一件事可以使我快樂。任何一件事不說不動（叫不動弟妹），說了也做不好。大小事都必須我自己去料理，公私兩忙，人瘦髮白，勞心又勞力，真不知道要支持到幾時。

每當孩子們都睡了，夜已深、人已靜，我獨自一人在我們家院子走來走去，院子內的破椅子是我唯一的良伴。靜坐沉思，問明月無語，望繁星不答。滿腹心頭話無人可訴，滿腔沸騰的熱情無人領情。

錯錯錯，一生活在錯誤中。恨恨恨，恨有何用。我把希望寄託給你們，在希望中求得安慰。我必須奮鬥，為孩子的教育負起責任。

第二十四封家書說：

現在快期末考試啦，功課為重，加油吧。家裡的事一切有我，希勿分心。你當記得爸爸教養你們四個姐弟，已有十數年的耐力與經驗，我已經習慣窮困艱苦的日子。因為我內心充滿了希望，你們四姐弟都能知道上進，這股力量永遠支持我。

最難得的是，他沒有灌輸「仇恨」給我們。雖然媽媽離家出走，且與別人生了孩子，但爸爸始終沒在子女面前批評過她。我讀大學時，他在第六封家書說：

當你媽媽在家時，她聰明能幹、賢淑刻苦，家事一切不必我操心。我們相親相愛、心心相印，那真是快樂的人生。所以今生今世，我真心愛的人只有她一個，永遠無法改變主意。

有時，我們做子女的不免「質疑」，爸爸為何能原諒及接納媽媽？他是怎麼「修練」的？

「全方位關懷」孩子的生活世界

除了課業之外，孩子的生活還有許多面向，尤其是內心世界，需要父母細膩的觀察及長期陪伴，才能建立親密感，使孩子自然的信任你，願意向你傾訴心事。所以父母要花許多時間與孩子在一起，像天天收看連續劇一般，不間斷地了解孩子身心變化的劇情。

再怎麼貧窮或不容易，孩子的成長過程都需要父母陪伴。保母、安親班、親戚（包含隔代教養）都無法取代，千萬不要錯過這段陪伴的黃金時期。孩子很容易滿足，他們真正需要的是愛而不是禮物、金錢或物質享受。

我的先生是職業軍人，孩子還小時，他多半在南部軍中，一週回家一次。我因為怕熱、怕流汗、怕曬黑，所以不曾陪伴愛打籃球的長子鈞豪打球，連在操場邊為他喝采都沒有，親子距離因此就遠了！

為人父母不需要賺大錢或每年帶孩子出國旅行，卻需要展現願意了解與陪伴孩子的誠意與行動。現在你想跟孩子說什麼、為孩子做什麼，趕快行動吧！不要覺得不耐煩或浪費時間。

規勸要有技巧——有關網路沉迷

網路世代裡，手機擔負著成功與失敗的雙重責任。教育改革之翻轉教學，即非常倚重「線上教學」。二〇二〇年新冠病毒造成全世界嚴重疫情，學校還能「停課不停學」，就依賴網路的「遠距教學」。所以智慧型手機等三C產品，絕非十惡不赦。我們雖然擔心孩子沉迷網路世界，甚至不小心受害與犯罪；但禁止使用或沒收、責罵等，絕不是最好的方法。

只有極少數學校有辦法禁絕學生在校使用手機，回家後則難以管制。父母不如訂定使用規則，家人共同遵守。例如用餐時不得滑手機、幾點鐘一定要上床睡覺（睡前不得滑手機）、手機使用的時段等。家人共同討論，父母更要以身作則。手機內也有相關軟體，可以幫助孩子節制使用手機的時間。

父母積極的作為是增加家人一起從事的活動，如戶外運動或踏青、親子說故事或談天、共同的遊戲（包含電子遊戲）及休閒活動、共學、共讀等，使孩子不會因無聊，而鎮日投身網路社群及遊戲。

家庭的團隊合作——手足相處與互助技巧

小時候，父母有意無意地比較哪個孩子較乖巧、懂事、功課好、讓父母有面子。長大後，就比較誰讀的學校比較好、社會地位高、賺的錢多，甚至是對父母的孝心

（也包括物質與金錢的表現）。這不一定能達到激勵或見賢思齊的效果，卻可能造成自卑與覺得父母偏心。

這樣的惡性循環，在父母年邁時，手足不合就會明顯，且使衝突白熱化。如誰應該奉養父母？誰沒有盡到孝道？誰故意將父母推給其他兄弟姐妹照顧？最後鬧得不歡而散，甚至變成媒體報導的負面新聞，為了爭產而鬧上家事法庭。

沒有父母願意見到孩子「手足相殘」，尤其在自己身殘體弱時，更是「心有餘而力不足」。為了避免孩子覺得父母偏心，家人之間就要注重「團隊合作」。不僅家事分工及互助，其他如課業、夢想實現、生活問題與困難等，都要互相關心，把手足的事當作自己的事，出錢出力。

路要自己走

大愛電視臺有齣戲劇《一閃一閃亮晶晶》，主題曲《路要自己走》歌詞意指：父母為了幫助孩子，所以牽著他的手；但更重要的是「放手」，讓孩子學習傾聽自己內在的聲音，為自己做選擇，畢竟「路要自己走」。

有一天我會放手，因為路要自己走，失去方向的時候，記得抬頭仰望清澈的天空。

「臺灣之光」吳季剛舉世聞名，是因前美國總統夫人蜜雪兒，兩次選擇他設計的就職典禮禮服。他的母親陳美雲說：

Jason（吳季剛）從小就跟其他小孩不一樣，他不太願意接受傳統的規範。一、二十年下來，我得到的答案是：適合這個孩子的方式、環境，就是好的。

吳季剛的母親陳美雲，有著無比的感慨。她的兩個孩子截然不同，哥哥按部就班、容易帶、功課很好，吳季剛卻從小愛玩洋娃娃，曾因親友嘲弄而傷心落淚。因為吳季剛的不同，給陳美雲帶來不少壓力。吳季剛不在乎讀書、考試，只想順著自己的興趣走。最後，母親不僅不禁止兒子玩娃娃，還到處託人幫他蒐集娃娃。

吳季剛很喜歡藝術，功課不會自我要求。夫妻討論後，擔心吳季剛到了中學會因為功課不好而編到放牛班、影響心理發展。決定讓他出國，有機會學習新的東西。

中學以後，吳季剛跟一般孩子不一樣，幾乎都在工作，自己做娃娃上網賣。當時有機會去法國當交換學生，但他不想去。媽媽勸他：「你這工作的目標太小了，要看遠一點，去歐洲看看不同的東西，會更有感覺。」後來他去了法國。

陳美雲說，她後來想通一件事：孩子所學的東西如果不是自己喜歡的，他永遠不會快樂，就沒有成就感。與其這樣，不如讓他學他自己想做的，他舒服，我也舒服。吳季剛後來對母親說：「謝謝你，媽媽，讓我可以做我自己。」這讓陳美雲十分感動。

不少父母認為子女符合自己的期望，就是孝順。而且常以直接、強迫甚至使孩子產生罪惡感的方式來要求。但我的父親卻「反其道而行」，他不要我們依他的意思去做，結果我們反而會自發地去做。例如在第三十七封家書上他說：

孝即順，順從父意就是孝。有一件事是我想做而未做到，至今耿耿於懷。你第一、二次的家教費及社教館的六百元演講得名獎金，我想借花獻佛，先完成我的心願，買一部收錄音機給你，這是你最需要的東西。將這筆錢做最有意義的使用，我的內心是很高興的，若你將錢寄回來，將會使我生氣。

因為家裡很窮，我需要的錄音機，只能靠自己賺錢來買。但比起弟妹的飯錢及學費，我將自己的需求擺在第二，還是寄錢回家。對我而言，這是份「榮譽」、「孝心」與「安心」。如第四十封、第一二一封家書，爸爸說：

你寄來的一千五百元已收到，你的孝心我了解，但並未依照我的意思去做，家教薪水應先買你需要的錄音機才對。

寄來郵局匯票四千五百元、兩千元均已收到，真太難為你了。爸爸沒寄錢給你，還要你寄錢回來，內心甚為不安。

乖女兒，不要太克制自己，先為你的生活費、保健費及交際費、書籍費安排好。我們家裡目前雖然困難一點，但我仍然可以支撐下去。

你要認清自己的目標，是要考研究所，是要有健康的身體去實現的理想，千萬勿為了爸爸的困難而影響自己的計畫。

我真的樂意寄錢回家，原因如第一三五封家書，爸爸說：

謝謝你，正當家裡一文不名時，收到你寄來兩千元，雪裡送炭，恰到好處。收這封掛號信的是辦公室的同仁，因為我出差未來上班。他們感覺到驚奇，異口同聲

的說，正在讀書的學生，還經常寄錢回來，真是難得的孝子。我的內心是慚愧又是驕傲。

正在求學的孩子，遠在他鄉，我這個做爸爸的卻忍心無錢寄給你，愧疚自知。但我的孩子卻省吃儉用寄錢回來，同仁們一致驚奇讚佩，又使我感到有女如斯，怎不驕傲？我對同仁們的答覆是「患難見真情，貧寒出孝子」。

有不少父母面對著另一種親子溝通的困難，當家中有個嚴重的身心障礙兒的時候。下面這個案例，是二〇一四年獲得總統教育獎的王銜醇小朋友。他在半歲時發現得到罕見疾病——龐貝氏症，這是一種嚴重的遺傳疾病，因為體內缺乏某種酵素，使得堆積的肝醣逐漸傷害肌肉功能。因逐漸的肌肉無力（特別是軀幹和下肢），很早就需要依賴輪椅。父母要如何與這孩子溝通？孩子能體會父母的苦心嗎？

缺憾中看見不凡——總統教育獎得主王銜醇

爸爸媽媽的心聲

二〇〇三年六月四日，我的兒子王銜醇出生了。白白胖胖、好吃好睡、活潑好動、食量驚人、少哭少鬧，總是笑口常開，讓我們全家沉浸在幸福美滿當中。

「天有不測風雲」，四個月大的銜醇，突然生病了，我的職業是醫師，當下認為感冒而已，症狀從小咳嗽到痰音很重的咳到氣喘，徹夜不停，食量、活動力越來越差，最後連手腳都不會動了。由心臟超音波診斷認為，可能是一種死亡率百分之百，只能存活八到十二個月的肝醣代謝異常症候群——龐貝氏症。真如同古代龐貝城被火山掩滅一般，也掩滅了我們。

此時，銜醇獲得了一個上天給的機會，中研院院士陳垣崇博士發明的酵素治療藥物，恰好進入人體實驗第三期，銜醇符合進入實驗組小於六個月大的年齡規定。治療之初在臺大，全面性的檢查撲天蓋地而來，每隔一到兩週就會有一大堆檢查，X光 CT、MRI、血液、生化、肌肉切片、腸胃、聽力……，也幾度進出加護病房從死亡邊緣搶救回來。

我們家因此分隔二地，媽媽帶著銜醇在臺大住院，我則與三個女兒及中風的父親在臺南家中，只能在門診之餘來回臺北。

所幸上蒼眷顧，治療有了成效，十二週後，銜醇的手腳漸漸可動，二十四週後漸可翻身，四十八週可撐起上身，五十八週（一歲半）可走路，之後改為兩週去一次臺北做注射點滴治療，直到兩年後改由奇美蔡文暉醫師接續治療，終於免去兩地奔波之苦。

兩週一次的酵素點滴注射治療，讓銜醇的手臂千瘡百孔，許多血管已硬化受損，往往需打許多針才能成功。銜醇總是咬牙忍住疼痛，不哭不鬧，因此被護士阿姨封為「最勇敢的小病人」。兩三歲的銜醇，居然已能覺察媽媽的心痛，對著一旁默默流淚的媽媽說：「媽媽回去房間坐沙發，我沒有關係！」讓我又心疼又感動。

銜醇的病無法根治，是所謂重大傷病，為先天性的罕見疾病，症狀是全面性的，因為肌細胞萎縮、肌力嚴重不足，他不能正常的呼吸、吞嚥、飲食、大小便，甚至發音及微笑，姐姐常笑他永遠不會有皺紋；因為腦部受損，情緒及行為控制能力較差，感情表達不足，學習之路備嘗艱辛。

也因肌力不足，從他六個月大時，就開始無止境的復健，每天進行至少一到二小時，期望能維持肌力，防止關節變形。但隨著體重的增加，訓練量也增加，各種訓練如打鼓、游泳、騎腳踏車、爬樓梯、腰力、手力……，他從不抱怨，連我都從心底佩服他的堅持及毅力。可惜這樣的努力，也無法支撐他逐年增加的體重。

四年級開始他無法站立、無法走路、關節變形，靠輪椅代步，甚至有時需在地上爬行。但他仍以微笑面對一切，積極參與學校各類活動。不能跑就在旁邊大聲加油，不能跳就在輪椅上手舞足蹈，樂觀自在的程度令人敬佩，也令人羨慕。

衡醇的心聲

「我的家庭真可愛，整潔美滿又安康……」，從我懂事以來，家庭給我的印象，就像歌詞一樣。我生長在一個溫暖的家庭，三個姐姐都很愛護我，父母更是珍惜我。雖然我得了嚴重的疾病，他們都沒有放棄；我常想若不是他們，我可能已經死了。感謝他們的照顧，讓我能順利長大到六年級。我也感謝同學及老師在學校對我的幫助，所以我要盡一己所能，在未來的日子幫助別人，將這份情傳下去。

我剛出生時，並沒有任何問題，可是好景不常，在我四個月大時生病了。起初整天咳嗽，原以為只是重感冒，結果竟然是得了龐貝氏症的罕見疾病，活不過一歲。不過非常幸運的，治這個疾病的藥物，恰於此時發明了。不過這藥只能維持生命，不能完全根

治，我必須每兩週到醫院住院一次。打針雖然很痛，我還是勇敢地熬了過來。

現在我已不能走路，但每天還是以超樂觀的態度面對每個人，從來不覺得辛苦。因為病情需要每天復健，加上我的興趣廣泛，所以學了很多東西，比如我很會唱歌，爵士鼓比賽也常得第一，我學會游泳而且發明了獨特的泳姿，也會騎腳踏車，英文、數學也很好，我讀資優班喔！

我非常喜歡到學校和同學玩或看他們玩，也想努力學習。可是因為疾病的關係，我必須常上廁所，因為使用輪椅而且自理不便，讓我很困擾。我希望能再站起來走路，減少別人的麻煩。我的人生已經非常滿足，我不想向老天爺再要求什麼。

我希望能成為科學家或是電腦遊戲設計師，未來雖然充滿不確定，重重阻礙也必然横立，但我會立定志向，不把困難當困難，不怕別人異樣的眼光，勇敢的朝向目標去完成它，以回報過去、現在及將來所有幫助過我的人。

我對衔醇及他的父母，感到非常佩服及驕傲，衔醇的父親就是我的親弟弟王新民，衔醇的母親晏晨更是無比的堅毅。有一天，我會出一本書，寫下他們一家人的故事。

父母成長區

電影：《衣櫥》（韓國，二〇二〇）

電影中，當女兒遭到衣櫥吞噬後，後半部分則進入劇情的關鍵，開始解釋厲鬼的緣由。原來，缺乏父母疼愛的孩子，最容易被衣櫥誘拐。衣櫃鬼其實也是因為缺乏父母之愛，才會產生的。

《衣櫥》將厲鬼正面化處理，只要父母關愛兒女，衣櫃鬼就沒有介入的機會。這種鬼拐走小孩，某種程度其實是為了解救孩子。

稱職的父母不只是提供孩子生活所需，更要給予足夠的關懷，陪伴他們一起成長。這部電影警世意味濃厚，片中的父親是教育程度與收入皆好的中產階級，仍會因為忙於工作或自己的心情不好而忽略女兒。何況其他承受經濟壓力的家庭，更容易忽視孩子的感受，而造成疏於照顧、家庭暴力、孩童遺棄。

失職的父母因為忙於自己的事情，潛意識中希望孩子消失，甚至會虐待孩子或放任孩子不管。為人父母不可不慎、不察啊！

第三篇

孩子不懂事，怎麼教？

7

如何讓孩子成熟懂事？

1
爸媽工作已經很累了
我們分配一下家事吧！
沒問題！
2
姊~我打掃完了，出去
倒垃圾喔！
謝啦！
3
看！我也可以煮出一桌菜！
下次調味不要這麼鹹
就好了！
4
爸爸您
辛苦了！

教養要配合孩子的身心發展，生理上的變化顯而易見，只要注重營養、運動、環境衛生即可，但心理變化就沒那麼容易察覺，需要孩子自己願意坦誠說出或父母細心觀察。

幾歲開始算是叛逆期？叛逆一定不好嗎？其實叛逆是「個體化」、「自主發展」的表徵，是心理成熟的必經歷程。太乖或太聽話的孩子，反而可能過於壓抑或不知道自己的想法與感受，後遺症更大。長大後會視「父母」為麻煩人物，極力想擺脫權威的干涉。

當我們覺得子女不懂事時，是事情的「真相」？還是因為爸媽一直要子女體諒父母，卻未同理子女或為他們著想？

如何使孩子懂事？

有人擔心，太懂事的孩子會壓制本性以討好父母，甚至委屈自己以獲得更多關注。懂事的孩子總願意為父母著想，卻忽略自己的感受；容易原諒父母對他的傷害，甚至故意遺忘這些痛苦。這樣只能稱為「乖孩子」，不算是「懂事」。

真正的懂事是指了解與適應「現實狀況」，遇到逆境時能處變不驚、逆風飛翔，並為父母分憂解勞，與家人共同解決問題。例如當我了解家庭貧窮及沒有母親的現況時，就願意「懂事」地承擔責任、提早成熟。

小時候家裡很窮，住在只有九坪大的眷村房子裡。幸好屋外有些畸零地，可加蓋簡易廚房、餐廳、廁所等，再放一張書桌讓四個孩子可以讀書。爸爸入獄、媽媽離家出走，使得才小學二年級的我，得帶著尚未入學的弟妹一起上學「旁聽」。

國中畢業時，也因為家境因素，升學只能考慮「公費」的師範院校。但不知哪裡出了問題（考試失常），我只考到屏東師專的「備取」。後母覺得我是故意不讀師專，想要讀高中、升大學，於是不讓我稱心如意，就連高中也不讓我讀了。弟弟新民不服氣，挺身而出幫我說話，這大大激怒了後母，於是後母拿著菜刀「追殺」弟弟，他只好躲到消防隊，然後又到老師家住了好幾天，等後母氣消了才敢回家。

我為了能夠升學，極力地「安撫」後母，告訴她：「讀高中不需要什麼錢，而且我會去工廠賺錢給你，接著會繼續讀仍然不要錢的師範大學，而且賺更多的錢給你」。當年流行「家庭即工廠」，小孩子也在家裡做代工，如編羽球拍、織毛線、削蘆筍；假日則到工廠削鳳梨、剝蝦子（從冷凍蝦子變成冷凍蝦仁）。後母這才答應讓我讀高中，接著只能報考師範大學。

臺師大除了學費全免，其他食衣住行等生活用品也都公費，這還是不夠我一人花費。這時後母已與爸爸離婚了，但弟妹讀書吃飯的龐大費用，仍不是爸爸一個基層公務人員的薪水所能負擔。所以我用盡腦力、體力、心力，能多賺一分錢幫助家裡都好。我參加各種比賽：演講、辯論、徽章設計、論文寫作等，都是為了獎金、獎品。至少有紀念品（參加獎），也省下一些文具費。

我的家教薪水及比賽獎金大都寄回家補貼弟妹的學費（新民讀私立正修工專，淑慧讀金陵女中，淑芳讀國四重考班），過程雖苦猶樂，因為爸爸會給我精神的回饋，讓我知道自己的付出被需要、有價值。第十三封家書，爸爸說：

學校演講比賽得到第一名，校長頒贈獎品，學長為你計時添茶，關注愛護有加。這真是天大的好消息，我一夜興奮失眠。

一個剛剛踏進師大校門尚不足一個月的新鮮人，最後一個去報名，還能名列前茅。如此優異的成績，一鳴驚人的表現，我真佩服你勇氣可嘉。你得到這份榮譽，不但珍貴，更將帶給你幸福。

你給全校師生心目中留下了美好的觀感，今後你會有愉快的讀書生活，最佳的人緣關係。好的開始是成功的一半，切記勝而不驕，再接再厲，持之以恆，不懈的努力。你的智慧有無窮的潛力，必可獲致更好的成績。

爸爸也把我的辛苦及付出告訴弟妹，第四十一封家書，爸爸說：

你媽給大妹來信說，你想想姐姐好辛苦，晚上去家教，每天趕時間，還要做自己的功課，你們知道有多累。賺錢自己不用，都寄回去，你們知道姐姐有多苦。你們都應該學她，姐姐樣樣都好，我實在太高興了，我想你們也一樣。

你媽說的不錯，但她只看到現在的你，不知道十幾年來，比今天更苦更難的往事還有許許多多。你讀小學起就讀書兼家事，養老扶幼。在漫長的苦難與貧困中，功課仍名列前茅。師長稱讚，鄰居羨慕，為老父在孤單中燃起生命之火。

至國中高中時，後母兇悍專橫，爸爸多病，弟妹年幼，但仍影響不了你。家事照常做，功課一樣好，養成了你今天的性格，不畏苦不怕難，不奢侈不浪費，逆來順受，樂觀奮鬥，一切難不倒我的幹勁，爸爸以你為榮。

爸爸也要弟妹寫信給我，表達對我的關心與感謝，第四十四封家書，妹妹說：

親愛的姐姐：你寄來的信和錢我們都收到了，爸爸看了信非常高興。信中你說要買羽毛球拍，爸爸當然會贊成。聽韋姐姐說，你常常沒錢餓肚子，又不肯告訴母親，這樣身體會不好的。所以爸爸說以後領了家教錢，只需寄一千元回來，剩下的錢自己留著用，如果寄多了，爸爸也會寄回去的。

由上述「歷史脈絡」可知，從前的孩子之所以「寒門出孝子」，大多由於外在環境因素，使孩子必須與父母一起分擔家務（大的孩子照顧小的）與家計（提前「出社會工作」）。而今呢？若沒有相同的「外在困境」（環境變項），該怎麼讓孩子成熟懂事？

如何讓孩子「準時起床，上學不遲到」？

前臺大校長李嗣涔在畢業典禮上曾勉勵學生：

你的態度決定你的高度，要守時、謙虛、敬業、不諉過、處處為人著想。

為什麼「態度決定高度」？以守時來說，大學畢業進入職場，如果上班或開會遲到、工作拖延，會造成違規扣薪且耽誤團隊進度、浪費大家的時間、不尊重客戶、失去主管的信任等，甚至丟了工作、影響未來的發展。

如果孩子讀大學卻無法準時上課，父母會擔心嗎？「準時上課」到底要不要緊？**臺大社會系教授薛承泰認為「十分要緊」。**

二〇〇九年，薛承泰初任行政院政務委員，曾在報上為文：「年輕人如果沒有競爭力，國家有再多的飛彈都沒用」。薛教授認為生活安逸造成勞動價值觀式微，由大學生早上八點鐘第一堂課的出席率，即可得證。**沒有該有的生活作息，就沒有競爭力。**

當時有多位教授回應，感慨大學生不只無法準時上第一堂課，九點或十點的課照常姍姍來遲，還拎著早點到課堂吃喝。下課十分鐘，大部分學生都趴在桌上休息。作息不正常，使這些才二十歲的年輕人精神萎靡。

如何自小培養孩子準時起床及上學不遲到的好習慣？關鍵就在讓孩子「靠自己」，所以父母要「放手」，讓他學習自我負責。放手並非「放縱」、「放任」、「放棄」**或「不教而殺」，而是讓孩子自己「體驗」及「改進」**。「放縱」是覺得早起不重要，心疼孩子睡眠不足。「放任」是疏忽親職，對於叫孩子起床或準時上學這件事「無能為力」。「放棄」則是叫過幾次，孩子仍不起床就算了，只認為是孩子懶散、不積極。「不教而殺」則是未教導孩子早起與準時上學，只是一味地責罵。

教孩子早起，就是教導他自我管理及自我負責，實施細節包括：

商訂上床睡覺時間

小孩子需要較多睡眠，但因為他們喜歡看電視、玩手機，若不制止就可能廢寢忘食。所以要預定看電視及使用手機的時間，以免影響睡眠。有些小孩不能遵守規則，此時父母一定要堅持，時間到了就立即上床，直到他能自我管理、值得信任為止。

自己設定鬧鐘起床時間

小學開始，即應培養孩子自己設定鬧鐘及起床的習慣。許多大學生常以「不小心按掉鬧鐘」為由而遲到，可能就是小時候聽到鬧鈴聲不予理會，最後還是爸媽叫起床的緣故。

從帶孩子挑選鬧鐘開始，就要他學習自我負責。父母聽到孩子鬧鐘響了很久，也要沉住氣，不要去叫孩子起床。即使遲到也不伸出援手，讓他承受上學遲到的「自然後果」。後果越不愉快，學到的教訓也越深刻。

自己整理書包、準備上學用品

與睡覺及起床相關的是整理書包，不少孩子的上學用品全由父母打點，自己搞不清楚要帶什麼，少帶了也是父母的錯。若無人幫忙整理即一團亂，包括家裡及學校的課桌椅。遊戲或寫作業後，也不收拾玩具、用品。

如此欠缺生活能力的結果，在家不會做家事，長大後也會給人帶來困擾，如被動、嫌累、笨手笨腳。所以父母不應過度保護、事事代勞，要耐心教導、示範與監督，使孩子養成「愛整潔、守秩序」的好習慣。

孔子說：「愛之，能勿勞乎？忠焉，能勿誨乎？」（《論語．憲問》）如果父母真心疼愛孩子，就得讓他多勞動。不少父母溺愛孩子，什麼都為孩子設想。即使孩子做錯事也不忍苛責。結果等他長大了，就會經常犯錯。賢明的父母啊！「愛之適足以害之」，希望能及早覺察到自己「不理性的愛」！

讓孩子學習「時間管理」

學習時間管理的重要訣竅如下：

時間倒推

若要早上七點五十分以前到達教室，時間倒推的安排至少是：

1. 七點四十分到達學校（提前十分鐘到達）
2. 七點十分出門（若家裡到校需要二十分鐘，則需從寬計算為三十分鐘）
3. 六點五十分吃早餐
4. 六點三十分起床盥洗換衣服

這樣的時間安排對小學生也許辛苦，父母擔心孩子睡眠不足。但父母的因應之道是：要求孩子早點上床睡覺（如十點），才有辦法睡足八小時。否則孩子長大或要離家讀大學，仍不會規劃生活的作息。每天晚睡、早上爬不起來，造成白天翹課或精神不濟，影響健康與學習成果。

時間計畫

做一件事，一次以二十到三十分鐘為一個時間單位（現在流行的「番茄鐘」時間管理法，以二十五分鐘為一個時間單位），一份工作拆開三、四個時間單位來完成，且與其他不同的工作交替進行。既能兼顧，又能休息。

同時有多件事情需要完成時，應依重要的程度區分，越重要者需要的時間越多。A類代表最重要，B類為次要，C類為一般生活瑣事（如購物、家事等）。時間計畫可以很有彈性，如ABACAB、AABAACAAB、AABCAABC等。將事情分段完成，每段工作時間較短較能專注，更有效率及效果。

上午、下午、晚上分三大段進行時間計畫，一次兩、三小時。可先做簡單、不費時的事情，容易產生成就感及工作動力。把小事或雜事做完，之後的工作會更專心。也可以先挑戰困難的工作，更快減輕壓力。

提前法則

要「準時」就要養成「提前」的好習慣，包括提前開始及提前完成。不要把時間算得太緊，以免陷入來不及完成的時間壓力中。與別人有關的團隊工作，更要提前開始與完成。以免因為自己動作慢或拖延，影響了團體士氣與效率。

養成「提前完成」的好習慣，是給自己及團隊緩衝的時間，以防來不及「補救」，或可以做得更好。而且過程從容不迫時，會更能享受工作、更有成就感。

「計時器」的妙用

「計時器」在時間管理中扮演重要的角色，可以「倒數計時」，時間一到即發出提醒聲，讓我們按預定的時間計畫完成所有事情。剛開始進行時間計畫時，計時器響了仍想繼續做下去，無法立即停止。但最好還是改變工作習慣，按照時間計畫進行，以免又回到之前工作效率不穩定、有些工作沒時間做的混亂狀態。

如果不能按照時間計畫進行，也不要懊惱，剛開始做不到是很正常的現象。可能是突發事件或電話的干擾，也可能是工作熱情不足，或還不習慣這麼規律地運用時間。這代表還有調整的空間，不必因此灰心、自責，甚至誤解時間管理的意義。

時間計畫是為了讓自己慶幸和安心，經由個人短、中、長程目標的安排，為自己留下足夠的時間，做好該做及想做的事情。時間管理就是為自己負責，有責任感的人遇到困難時能自我激勵，以時間管理技巧來解決問題。

時間管理與成功人生

史帝芬．柯維（Stephen R. Covey）將時間管理的演進分成四代：

1. 第一代：著重利用便條紙與備忘錄，在忙碌中調配時間和精力。
2. 第二代：強調行事曆與日程表，注意「規劃未來」的重要。
3. 第三代：講求「優先順序」，依據事情的輕重緩急，訂定短、中、長程目標。將有限的時間、精力加以分配，爭取最高的效率。
4. 第四代：關鍵不在時間管理，而在「個人管理」，重心放在產出與產能的平衡。

為什麼演進到第四代認為：「時間管理是個人管理」？「知道」時間管理的方法或價值，不等於「做到」或「做好」，關鍵還在於「自我管理」。因為，時間不能管理，只有自己需要管理。

柯維提醒，時間要放在「重要事務」上，但分辨事情的重要與否，就不太容易。當你「逃避」真正重要的事，就會將繁瑣的工作、某些信件或電話、浪費時間之事、有趣的活動等，誤以為是重要的事。

要節制「緊急」的事，即使它很重要，如危機、急迫的問題、有期限壓力的工作等還是要減少，以免自己被時間追著跑。但一般人總記不住教訓，不肯提早開始，拖到最後期限被壓得喘不過氣來。

多花時間在「重要且不緊急的事情」，如防患未然、改進產能、建立人際關係、發掘新機會、訂定讀書與工作計畫、休閒活動。因為，有遠見且自制才能減少危機。

某次，我到花蓮體育中學演講「運動員的時間管理與成功人生」，附加「有獎徵答」，題目及答案呈現如下（括號處為答案）：

1. 射箭國手譚雅婷的教練說：「雅婷從瞄準到出箭只需要（三）秒鐘，能做到這麼優秀的原因是（專注）。」
2. 奧運金牌的舉重國手許淑獲得（高雄醫學）大學運動醫學研究所碩士文憑，她的指導教授說她能兼顧學業及嚴格訓練，是非常優秀的學生和選手，（時間管理）及心理素質都很棒。

3. 二〇一六年奧運銅牌舉重國手郭婞淳就讀（輔仁）大學體育系，（二〇一三）年即獲世錦賽金牌、世大運金牌。

4. 花蓮縣立體育高中（李慧君）同學，參加土耳其特拉布宗「（二〇一六）年世界中學運動會」標槍競賽項目一舉奪金。體中田徑教練簡志賢表示，她平時就是（自律）嚴謹的選手，常會和教練討論技術上的優缺點，不斷求進步。

5. 花蓮體中在（二〇一六）年全國中等學校運動會，拿下二金二銅的洪千惠、高柔安、柳詠琪、余承恩，得獎的是（舉重）項目。

6. 二〇一六奧運選手麥可・菲爾普斯（Michael Phelps）獲得（二十）面以上金牌，最近兩年他經歷生命的死蔭幽谷，包括酒駕、吸毒，甚至絕望到想自殺，二〇一五年住進一間（心理創傷和戒癮治療中心），才終於走了出來。

7. 運動員遷就運動而放棄學業，實則是不能做好（時間管理）的藉口，林書豪能從（哈佛）大學順利畢業，打破了運動與讀書不能夠兼顧的迷思。但是要知道，能夠脫穎而出的優秀運動員，僅是萬中取一。

8. 有志成為職業運動員者，職涯規劃必須要有運動以外的（第二專長）軌道，而接受（完整的教育），才是正確的途徑。

9.二〇〇八年完成極光之旅後，林義傑準備唸（博士班），希望以後看到運動員時，不再認為他們是頭腦簡單四肢發達。運動員不只是會運動而已，他們的（堅韌度）特別高，決心去做一件事情，就會好好去做。

10.一手打拼出臺灣好市多的亞洲資深副總裁張嗣漢，曾是瓊斯盃籃球員，說話、做事都果決明快，「上班不是我最大，是（時間）最大，是（時間）在管我，而不是我管（時間）。」張嗣漢把球場上的好習慣帶到商場，至今仍（五點半）起床後游泳一小時，（七點半）上班，他的員工也多半不敢遲到。

由上述題目類推，任何行業人士若能將時間管理好，都可使未來更接近成功。教導孩子時間管理，最好的做法是父母「以身作則」。如果大人能與孩子一起練習時間管理，便可了解其中困難，進而協助孩子突破與成長。時間管理的獲益無可限量，是父母給孩子的最佳禮物。

小孩「要」做家事

《朱子治家格言》：「黎明即起，灑掃庭除，要內外整潔。」這在現代應該很難做到吧！孩子「會」（有意願及能力）做家事嗎？父母常埋怨小孩不肯做家事，而且動作慢，越做越糟。有些父母覺得自己做家事或請人幫忙一樣做得好，這時間情願讓孩子用來把書讀好。

現代孩子不做家事的原因統整如下：

1. 父母呵護：因為「少子化」，父母大都寵愛孩子，不忍心孩子「太辛苦」，凡事幫他們打理。
2. 讀書第一：父母聚焦在把書唸好、考上明星學校，加上孩子每天留校晚自習、上補習班、家教等已經很累，根本不可能再做家事。
3. 有人代勞：有些孩子不會做家事，因為家裡有外傭或鐘點式的家事服務員。除了不必打掃、丟垃圾、洗碗，甚至也不需整理自己的房間、收拾衣物。水果或點心也是別人削好，吃完後不必收拾杯盤、丟垃圾。

4. 孩子「不肯」勞動：現代的孩子不喜歡「勞動」，要他幫忙做一點家事就推託、撒嬌、耍賴、討價還價、拖延。父母因為叫不動或孩子草草了事，最後只好自己動手。

5. 不知如何教導孩子做家事：父母自己也不擅長做家事，自然不知如何教導孩子。加上孩子沒有學習動機，乾脆就放棄教導。

做家事也是生活教育的一環，否則日後如何獨立生活？我請大學生到家裡用餐時，會要他們早些來。例如吃午餐，就約上午十一點。

「這麼早就吃飯喔？」有些同學不解。

「不是！是要你們來幫忙做飯。」我答。

我這樣做是防堵有些人「不勞而吃」，確實有學生故意「晚到早退」、「只享受、不付出」（在家中已習慣「坐享其成」）。為了避免學生只顧聊天、看電視、打撲克牌，我會先將工作分配好，如餐前洗菜、切菜、煮湯、煮水餃，餐後收拾碗盤、洗碗、丟垃圾、整理客廳等。幸好學生還「肯」聽老師的話，但能「自動去做」及「有模有樣」的，比率越來越低。顯見在家裡父母沒什麼教導，大多數人「五穀不分、笨手笨腳」。

最近我招待十多位同學來家中吃飯，只有一位懂得怎麼熬湯。一問才知她因為小時候父母離異、父親再娶，後母生了弟妹之後，她只能學習自我照顧，因此才會洗衣燒飯（否則就要「自生自滅」）。

不做家事，有何損失？

我曾到一所小學演講，與家長探討孩子的「生活教育」。那是一所「非都會型」的學校，家長大都贊成孩子做家事。演講結束時，校長卻與我約定以同一題目對老師再講一遍。因為不少年輕老師不太做家事，不認同做家事的重要，所以對於指導學生打掃工作方面較為輕忽。不僅不指導（或不知如何指導），甚至不贊成學生進行整潔活動。

也有為數不少家長認為只要孩子成績好，將來成為「上層人士」就有條件請人來做家事。甚至說：「我不是培養孩子將來打掃煮飯的，這些工作應由藍領階級去做。」還舉孟子所說：「勞心者治人，勞力者治於人；治於人者食人，治人者食於人，天下之通義也」為理由。

孩子功課很好，就不需要做家事的「生活能力」嗎？孩子的書包及上學用品由父母或他人代為整理與準備，不會有後遺症嗎？在家不疊被子、不打掃、不洗碗、不丟垃圾，在學校或日後職場的工作也能「不勞動」嗎？如果不喜歡勞動，會否輕視勞動的價值？

家長可以「放過」或「豁免」孩子做家事的麻煩，但老師、同學、老闆、顧客會歡迎這樣的人嗎？在家裡接受父母（祖父母、外傭）的照顧，不需有任何回饋，日後如何與人團隊合作呢？

家庭中應教導的生活教育還有許多，歸納如下：

1. 受到挫折或被拒絕：不會一直吵鬧或與父母交換條件，想要某樣東西能夠等待或放棄。
2. 做錯事：不會一直說是別人的錯，會想下次怎麼做更好。被指出錯誤時，會反省、思考別人的意思，不是只有「我對」。
3. 關心與感謝他人：時常關心家庭成員，能與人分享自己的物品或玩具，給別人留下愛吃的東西。知道父母為他做的一切不是理所當然的，會表達感謝。
4. 發生問題或需要做決定：知道自己要什麼，不會不知所措。遇到問題能自己想辦法解決，不會馬上喊父母來協助。

5. 溝通與表達：能清楚表達想法或需要，不需父母猜測、詢問半天。生氣時適可而止，能說出為何生氣的原因。大熱天雖煩躁、抱怨，也能去做該做的事。

6. 使用零用錢：在零用錢的額度內適當使用，不超支、不預支。不會一直比較物質的貴賤，或自覺高人一等。

7. 人際互動：容易親近，大方和善，樂於與人合作。能自然的對別人招呼，如鄰居、社區管理員。當父母稱讚其他孩子時，也能學習欣賞別人。

想一想你的孩子在上述情況表現如何？如果態度不佳，你都如何處理？若不能及時糾正，後果為何？

在某次我上課時，因為人數較多，晚到的學生需自行到別班教室搬桌椅。此時有位女同學主動詢問我是否要換教室，並願意到三樓辦公室去借教室。她動作靈巧的跑上跑下，我想她的父母一定曾教導她如何做家事。一問才知，父母在她們姐妹上大學之前，都安排到國外當一年交換生，學習照顧自己、獨立生活。

我會做家事卻與「母親不教」有關，生母離家出走，我必須自學如何做家事。因為家裡總是髒亂（三個年幼的弟妹「不是」故意搗亂），動作再快也打掃不完。我還要買菜做飯、帶好弟妹；得空就去垃圾山拾荒，賣些破銅爛鐵。我會做家事，恐怕是生存的「本能」！

讀國中後，後母加入成為新成員，但狀況更差。不僅家事沒人做，後母還把爸爸的薪水拿走（經常性離家出走）。後母在家時，與爸爸無止境的爭吵，動輒打罵我們。有一次半夜爸爸胃痛，後母不在家，我叫計程車送爸爸去醫院，是胃出血要開刀，安撫爸爸住院後我再回家照顧弟妹早起上學。結果我自己也睡過頭，使大家都遲到了。爸爸住院的四十天，後母仍然多次離家出走，一去好多天。我得醫院、家裡兩頭跑，分別照顧爸爸及弟妹。

某次，大妹淑慧因打針反應而住院，後母也不在家，我只能打電報請生母到醫院來照顧。又一次，淑慧因感冒而昏倒，住院了十二天，依然是靠生母由臺北回高雄照顧。後母婚後第一年出走的天數，八個月內有六十天，平均每月至少七天，之後六年持續如此。嚴重時，一個月內大半個月不在家。我讀高三時，爸爸才終於「再度」與後母離婚。當時我們都很擔心爸爸再「心軟」，三度「接納」後母而又結婚（幸好沒有）。

父母成長區

電影：《新同學》（印度，二〇一五）

一個當女僕的單親媽媽知道女兒的夢想竟然也是當女僕時，非常傷心及無助，覺得自己的辛苦全都白費。要怎樣才能激發女兒的動力，突破自己的人生呢？

這位單親媽媽在丈夫去世後，獨力拉拔女兒長大。為了活下去，她白天給一戶人家當女僕，下班後再去鞋廠當女工。這樣的努力只為了讓女兒有錢可以讀書，將來有出息。

為了幫助女孩提高成績、找到自己真正的夢想，母親決定到女兒班上當「新同學」（母女雙方都無比尷尬，所以母親隱瞞了身分）。將自己學會的教給女兒，可省下補習班的費用。

女兒看起來變用功了，真正的原因卻是希望媽媽不要再來學校，不要再管她，她討厭媽媽把自己的夢想強加給她。但，真是這樣嗎？「她不是把夢想強加在你身上，你就是她的夢想。」班上功課最好的男生告訴她。

令人感動的是，這位單親媽媽接受孩子惡劣的態度及種種不懂事的言行，無論如何絕不放棄女兒。即使用類似「愚公移山」的方法——與孩子一起上學，再苦再累也在所不惜。最後「精誠所至，金石為開」，終於使孩子感動及改變。

8

成長偏差與教養修正

1
全家一起吃早餐聊天
親密度量表
20
2
全家一起做晚餐
煮
切菜
削皮
40
3
全家一起到公園運動
60
4
全家一起旅遊，聊心事
對不起，好像迷路了
沒關係！多走走多聊聊
90

孩子出了狀況，如果父母認為都是孩子的問題，只要他一個人改變，這就是「治標而不治本」，改變不了惡性循環。其實根源可能在父母，甚至是父母與上一代（婆媳之間、翁婿之間）的糾紛與壓力，使孩子成了「代罪羔羊」。以「家族治療」觀點來看，要處理的絕不只是孩子的問題，而是拖延已久且複雜糾纏的家庭問題。大人應懂得求助與承認有問題，並好好幫助自己與家人共同解決問題。

孩子的行為偏差，可能是父母「失職」，疏忽了問題早期的徵兆。但即使很注重教養的父母，也常拿捏不了應有的分寸，過猶不及。

過度教養與過少教養

兒童／青少年心理諮商專家亞當．普萊斯認為，「過度教養」有兩種形式，一種是說得太多，另外一種是做得太多：

說得太多的父母往往隨心所欲發表他們的意見，對孩子施加不合理的影響力。

最喜歡使用的詞彙是應該、必須、一定要，而且覺得父母有批評孩子的權利和義務。

「做得太多」的父母則是不信任孩子，直接出手幫忙，減損了孩子的自信心。孩子將永遠學不會自己解決問題，因為他們一直受到父母隱約的影響；更糟的是，父母拼命幫忙彷彿是在暗示他無法自己解決問題。

「過度教養」的父母，剝奪孩子體驗與成長的機會，使他日後無法應付挫折。如果你總是替孩子收拾殘局、處理善後，或是替他的失敗找各種藉口，或是替他代勞他應該自己處理的事務，那他就沒有機會體驗那些有益的挫折。

然而，社會的真實面向卻是充滿了挫折、焦慮以及質疑，所以好父母要讓孩子有機會學習，如何把這些負面情緒變成強而有力的動機，日後才能真正成功。

可怕的成長偏差

兒福聯盟針對少年的家庭、課業、人際交友等面向進行調查，結果發現：少年最大的煩惱逾57％來自課業，近15％來自同學、朋友，11％來自父母。遇到煩惱時，近71％選擇向同儕訴說，聊天管道以臉書最多，但近34％的少年寧願把心事藏起來，願意對父母說的則很少。

當青少年面對的課業壓力越來越重，家庭能提供的支持卻相對較少時，有些青少年就會產生憂鬱狀況或偏差行為，包括：藥物濫用、自我傷害、性濫交及暴力等。缺少家庭支持，不只是在青少年階段可能造成心理與行為問題；即使到了成年，仍可能因親子關係疏離而犯罪。一名二十四歲男子因飢餓而在便利超商偷了一個飯糰，被捕後發現他的父親是知名的外科醫師。在小學畢業後他被送往美國唸書，到了大學三年級（戲劇系）因家裡不再供應學費而休學返臺。因中文表達能力不佳，沒有一技之長，找不到固定工作，只獨自住在父母購置的另一處所。醫師父親得知兒子行竊時竟對警方說：「我們不管他！」對於兒子不找工作、長期失業，感到十分失望。

你從這則社會新聞中看到什麼？是兒子不爭氣、不成材？還是父母「揠苗助長」、「恨鐵不成鋼」？父母認為：「我那麼為兒子著想，出錢出力，他卻辜負父母期望。甚至偷竊、犯罪，讓父母丟臉！」兒子則痛苦於父母的安排：「為什麼我小小年紀就得離鄉背井到異國？想回家又被拒於門外！」父母的教養出了什麼問題？使得孩子的表現「適得其反」。兒子知道自己要反省什麼嗎？名醫父親是否也該反省？

二〇一七年三月二十八日當天我回到家時，看見丈夫沉重的臉色，以為發生了什麼「世界末日」等級的大事。從新聞報導得知是「小燈泡事件」，的確令人非常難過。

大白天的街道上，四歲小女童「小燈泡」慘遭三十三歲男嫌王景玉突襲，以菜刀砍斷其頭部。這件事不只無比震驚，更有濃厚的哀傷。是任何人都不忍卒睹的景象，也是社會無可逃避的大事。

為了安撫受害者的傷痛及惶惶人心，多數人主張以死刑來處置。但「小燈泡」的媽媽在極度哀慟下，猶理性提出問題解決的「根本之道」，她說：

這樣的隨機殺人事件，兇嫌基本上在當時是沒有理智的，這不是靠立什麼法，怎麼做處置，就能夠解決這個問題。

我還是希望能從根本，從家庭、從教育，讓這樣子的人消失在社會上面，讓我們的子子孫孫都不要再出現這樣子的人。

判處死刑比起從家庭、學校做其他事情，相對簡單（其實是簡化問題）。如何讓這樣子的人從社會上消失？而為什麼要從家庭及教育著手？小燈泡的母親說：

每一個犯罪者，都曾經是單純的孩子，若不是家庭、學校和社會失能，冷血與凶殘也不足以養成。

犯罪是「家庭、學校和社會失能」造成，所以治本之道是恢復家庭、學校和社會的正常功能。在悼念「小燈泡」的靈堂前，她的媽媽寫了一段文字——「留個步，讀一讀，再祝福」：

我從來都不認為仇恨、責備能解決問題，我一直努力的以美好、溫柔的方式教養著她……我真的希望這個房間裡可以悲傷、可以感動、可以懷念，但不要批評、不要仇恨、不要憤怒。

在「小燈泡」的告別式上，她的爸爸也說：

選擇原諒從來就不是一件容易的事情，……但是爸爸發現怨懟和仇恨，不會是對的方法，那只會讓邪惡滋長，唯有愛和原諒，才能讓爸爸的內心獲得真正的平靜……。

三十三歲的王姓兇嫌高職未畢業，多年來大多失業在家（之前的工作也不順遂）；曾經吸毒，情緒暴躁狂烈。二〇一四年和父母衝突，被送到聯合醫院松德院區急診室。他向院方坦承曾經吸毒，不過當時檢驗呈現陰性反應，所以院方建議轉一般門診治療。雖無法強制就醫，但王嫌早就被社區當成「不定時炸彈」。

我的學生李皇慶大學畢業後曾在戒毒相關機構——利伯他茲基金會工作，後來考取社工師，在多所學校擔任青少年輔導人員，他告訴我：

任何一個犯罪者，必然有其養成的環境與成長背景，如果環境不改變，如果這個社會對待弱勢族群的方式還是如此苛刻，那麼同樣的社會新聞仍然會發生。

我會投身青少年輔導工作，是抱持著一樣的初衷，希望從源頭幫助這些青少年，讓他們的人生能有更多選擇，不至於走偏了路，造成更大的社會風險。

利伯他茲基金會致力於戒毒工作，堅持「能救一個靈魂，不只整個家庭蒙受其利，也讓更多無辜家庭免於受害」。他們發現毒品犯罪在監獄收容人的比例節節攀升，實在引以為憂。藥癮患者多數高度缺乏自信，所以基金會從各方邀集戒毒成功人士，進監所與藥癮患者分享奮鬥歷程。這種「負傷醫治者」，以及專業團隊不放棄的陪伴，是利伯他茲在毒品防制領域永續經營的理念。

挽救孩子的失衡、偏差

蘇芮曾演唱《親愛的小孩》這首歌，說出孩子傷心害怕的原因在於缺乏家庭的溫暖。

我親愛的小孩，為什麼你不讓我看清楚。
是否讓風吹熄了蠟燭，在黑暗中獨自漫步。
親愛的小孩，快快擦乾你的淚珠，我願意陪伴你走上回家的路。

改善家庭的物質環境

「家庭功能」的表現，在於周全地照顧孩子的身心需求。如果孩子每天拎著外賣三明治、奶茶當早餐，中午吃學校的營養午餐或便當，晚餐在安親班或便利商店解決；甚至到了假日，三餐依然在外覓食。這樣的家庭在滿足孩子生理需求方面，就屬於「失能」狀態。

我自己也曾經因為工作忙碌，疏於照顧孩子的三餐。即使偶爾在家煮飯，也只是把所有食材一次丟進鍋裡「煮熟」（加上麵條或水餃），並不考慮口感。直到女兒國小畢業的最後一學期，我才終於答應為她準備便當（學校沒有營養午餐，她都吃福利社販售、樣式不多的便當，她說早就吃膩了）。

這個承諾也改變了我的生涯規劃，我毅然辭去教授專職，改為自由工作者。在多所大學兼課、四處演講，以及寫作出版，沒法做到工作與家庭的平衡。能安排出時間在家做飯，與家人共同用餐。

幸運的是，在她小學二年級時，楊校長即要求家長要注意孩子有否吃早餐（或拿早餐費他用，如打電動），我因此得以天天與女兒一起吃早餐（在外吃早餐時，就順便陪她走路上學)。

比女兒大九歲的兒子，就沒那麼幸福。他就讀的國小有營養午餐，但國高中也只能吃學校福利社的便當。高三留校讀書的晚餐，則吃校外賣的鐵板麵配可樂（也影響發育）。我只「負責」給他飯錢，卻不「關心」三餐是否營養美味（包括心靈的滿足）。這點他「抗議」過多次，我都沒聽進去，其實是我不懂他的心。

父母若能勤奮工作且同心協力（單親也可以），不僅能滿足孩子的基本生活需求，還能布置一個溫馨整潔的家庭。在良好的環境裡，親子共同進餐、休閒娛樂、共學。

但物質的供應要適可而止，「慈母多敗兒」，過於滿足孩子的物欲，會使他貪圖享受、愛慕虛榮；反而淪為與人比較，造成價值觀偏差或自卑，甚至看不起自己的家庭，產生犯罪行為。例如我曾輔導的學生中，即有人是因為羨慕別人擁有某些東西，或因缺乏零用錢而偷東西或偷錢。此時父母的態度即很重要，比較簡單的做法是給孩子適當的零用錢或獎勵金，使其有錢可以和同學正常社交或買自己想要的東西。

若因家貧買不起較昂貴的物品，父母可採其他管道幫助孩子取得替代品，但不需要因此向孩子致歉，或讓孩子感到低人一等。例如我在中學時的家政課，常需一些布料等手工藝材料，爸爸就帶我去裁縫店向老闆要裁掉的廢料或拿家中的舊物代用，那些碎布拼湊起來也挺漂亮的，不一定要花錢買新的材料。我沒錢買參考書，就跟同學借或買較便宜的測驗題本。沒錢上補習班，爸爸就要我在下課時多找老師問問題（他也會帶著我去拜託老師幫忙）。

提升家庭的精神環境

在孩子的心理需求方面，若父母幾乎沒時間與孩子交談，孩子又老是掛在電腦上或滑手機，這樣的家庭也是失能。因為父母不夠了解孩子，當他們遭遇困難時，將無法及時向父母求助，得不到成人的支持與指導。父母漠視孩子的情緒感受，致使孩子心理不平衡，因而判斷錯誤而有偏差的抉擇。

當孩子有壞習慣或偏差行為，父母應先檢討是否有家庭問題而對孩子造成負面影響。先聆聽孩子的理由，多給他一點時間訴說。也可讓他寫下事情的前因後果及他學到的教訓、應具體改善的地方等；父母自己先多看幾遍，然後親子再共同探討，效果會更好。

近來，父母常為孩子網路遊戲成癮而煩惱，甚至須帶孩子看身心科門診。所謂「遊戲成癮症」(gaming disorder) 指的是「玩網路遊戲失控，導致生活失能」，不是單純的「花太多時間在遊戲上」。也就是說，上網打遊戲到無法自拔，讓日常生活的優先順序產生變化，嚴重影響生活、健康與學業的平衡。

衛福部公布「二〇一六全國網路使用行為調查報告」，全臺每三十名國中、國小學生，就有一人呈現高度網路遊戲沉迷的傾向。依據國家衛生研究院與馬偕醫院研究團隊在二〇一八年「網路遊戲成癮量表」的調查，我國青少年網路遊戲成癮盛行率約為3%，略高於歐美國家的1%。

二〇一九年，世界衛生組織 (WHO) 將「遊戲成癮症」列入新版《國際疾病與相關健康問題統計分類》(*ICD-11*)，正式被列為成癮行為 (addiction) 之一。

輔導專家提醒，青少年的問題不在於沉迷網路遊戲，而是源自現實生活層面的問題，導致他們逃避到網路遊戲的世界。可能因為課業跟不上或人際關係遇到挫折，在現實生活得不到成就感。父母想改變這種情況，首先得避免批評孩子在網路遊戲裡獲得的滿足與成就，不妨抱著好奇與尊重的態度，了解網路遊戲吸引孩子的地方，再試著提升孩子在現實生活中的滿足感。例如親子之間透過共同運動，增加彼此的互動，也能讓孩子獲得滿足感。

「課業跟不上」是許多青少年共同且最大的煩惱，以我的大妹淑慧來說，她在中學階段非常用功，但成績仍不理想（力不從心），因而產生了自卑感。尤其她看到哥哥、姐姐、妹妹都考上理想學校時，受到的刺激更深，心理壓力更大。她的高中好友曾寫信給爸爸，要我們多關懷及鼓勵淑慧。信上說：

淑慧回家也有好多天了，她常來信，從信上可知最近您對她很關心，您好愛她，我很羨慕。我也有過一段這樣的歲月，但已經過去了。所以我常在信上告訴淑慧，有您這樣一位父親，實在值得高興和滿足。

寫此封信只是想告訴您，多了解淑慧的方法。她有很多含蓄的感情，但外表塑造出來的是個外向偏一點內向的人。有時她自己都不容易控制自己，她的脾氣所以如此，我想是因為自卑感造成。她很想保護自己，可是玻璃總有碎的時候，當玻璃碎了就不好收拾了。

您可以多給她建議，多講一些經驗，讓她去除自卑心理。對她不要太施壓，一有壓力她就會想得好遠、好多，影響她的身心發展。有時我覺得她的心好像比同齡要老一點，也許早熟對女孩來說沒多大壞處，但是太多壓力會令一個人變得對任何事都沒有信心。人活著如果對凡事都抱有理想，不是會活得愉快而且有意義嗎？

如果可以多加鼓勵，她會很有成就的。唸書是一種對事物多層次且更深的學習，但不是每個人都可以看見成果。住校那段時間，淑慧每天忍著美好的睡眠，揮著她的筆一直在看書。她很節省，常常餓肚子捨不得買太多東西吃。在每一個長夜，她在完成您的期盼。也許做得不好，您是否可以諒解她？她已經吃過苦了，也要給她一點甜果吧？

人總是矛盾的，您之所以責備她，是出於太愛她，但要找到正確的方法，要施與受雙方都能相互關心愛護，這樣不是比較好嗎？對她的心理治療，要看她的問題出在哪裡。和她好好說，別責備，她會崩潰的。她的心很脆弱，您必須給她最強的補心劑。用她可以接受的方法，我想她一定會成長茁壯。

大妹淑慧國中畢業後，為了與生母親近（希望全家破鏡重圓），從高雄到臺北讀私立高中。離鄉背井加上學業壓力，讓她難以適應，影響了身心健康，這是爸爸多年來存在心中的遺憾。因為大妹年紀還小，父親無法貼身關照她。所以當她面臨課業困難及心靈空虛時，也無法及時填補。

後來她考大學屢屢失利，但爸爸知道她有顆奮發向上的心，便告訴她：「不是每個人都需要讀大學。」淑慧後來以遠距學習方式取得學士文憑，也參加補習班學習各項電腦技巧。因而得以順利就業，也發揮個人特長。她後來在各個地方工作都能努力適應、迎頭趕上，表現傑出、受人賞識。

弟弟新民在國中及五專階段原本也很貪玩、功課不佳，在爸爸不斷鼓勵與信任之下，他逐漸體會父親的苦心，考上了當年很難考取的「預備軍官」。預官退伍回來，因為打籃球不慎造成右手的手臂骨折。治療不順利，讓他狠狠吃了苦頭。我們各忙各的，來來去去，只有爸爸不離不棄地在醫院照顧他。他除了親身體會到父愛，也埋下日後轉考「學士後醫學系」的契機。

子女面臨成長困境甚至瀕臨犯罪邊緣時，除了父母操煩，手足的付出也有很大的功效。我的父親給我們一個很好的觀念：「兄弟姐妹就是你的手足，如果手足不好，你的身體怎麼會好？所以一定要好好照顧你的手足，手足的事情就是你的事情。」

父母還要懂得求助，及早、主動與導師或輔導室連絡，讓校方了解孩子的情況並及時輔導，使孩子得到更多教育資源與關懷。我的國中階段就因父親主動向導師說明家庭狀況，而得到老師們特別的關懷與具體協助。尤其是導師（謝謝蔡明雪恩師、喻健恩師），讓我擔任班長、提升我的課業成績，使我在學校獲得很大的成就感與快樂，補償與昇華了物質欠缺與家庭混亂的痛苦。

我成長於清寒家庭，雖然物質條件極差，但爸爸無論再忙再累，都不忘照顧我們四個孩子的心理狀態。他非常關心我們的人際關係與學校生活，經常帶我們散步、談心。私底下，我們都以為爸爸最愛的人是自己！

讓每個孩子「做自己」

近年來出現「尼特族」（NEET），是指「不就業、不升學、不進修」（not in employment, education or training）的十五到三十四歲年輕人。他們多數長期在父母羽翼下，一旦進入社會即喪失做決定的能力與勇氣。他們通常缺乏自信、人際關係孤立，不能面對由校園轉換到社會的挑戰。或曾在職場受到挫折，就不願再嘗試就業。

父母過度保護，是養出尼特族的主因。搭配少子化的趨勢，父母大都有經濟能力金援小孩。尼特族一旦遭到挫折而退縮回家，漸漸的就成了足不出戶的隱蔽青年。

尼特族中不乏曾是「乖乖牌」的小孩，從小接受父母安排，為符合家庭期望而不斷讀書、補習，長大了才以消極態度來表達對父母的抗議。

沒有任何父母希望自己的孩子變成尼特族，但這類父母卻不自主的掉入「操心太多、安排太多，但孩子卻不一定領情」的惡性循環。尼特族「繭居」家中時間越久，就業競爭力就越薄弱，造成個人、家庭甚至社會的沉重負擔。

二〇一九年，臺北市士林區驚傳四十三歲林女殺死七十三歲母親的案件，母親多處擦挫傷，頭部疑遭棍棒攻擊。林女在九年前取得美國大學的大眾傳播學碩士學位，自稱是英文老師，卻靠母親扶養。疑因金錢問題與母親爭吵，之後痛下殺手。

除了佛堂師父外，她對周遭人包含母親在內，都有程度不一的被害妄想。林女回臺後，將工作的不順全都怪罪別人，又持續受到幻覺、幻聽影響。最後除了母親以外，不太跟外人互動，社交能力嚴重退化。經法院精神鑑定，判定林女罹患思覺失調症的可能性極高。

但林女整個施暴過程，數度選擇停止。出去找師父、倒垃圾，之後又回來繼續對母親施暴。甚至施暴前，還先在母親臥室布滿玻璃碎片，並有計畫地等到母親失去行動能力、達「最佳機會」時才痛毆母親。卻謊稱母親是遭黑衣人攻擊，醫師鑑定時又推翻自己的說法，坦承之前做筆錄在「編故事」。法官認為，林女行為當下辨識、控制能力與一般人差不多，不適用《刑法》第十九條減刑，故依傷害直系親屬致死罪，判十八年徒刑。

造成「尼特族」的原因正是「不放手」的父母，使孩子錯過了人生關鍵的試誤(trial and error)練習。要培養孩子的自主性，父母就必須退後。如果父母想判斷孩子是否認真想要嘗試某一個生涯方向，最簡單的方法是「問」，再觀察孩子的反應。如果孩子清楚自己的選擇而且堅持要做，即使有風險，父母也必須讓他承擔後果。

在試誤的過程中，孩子必須學習為自己負責。父母可與孩子共同討論階段性目標，等到孩子的成就感與自主性增強後，再尋找下一個目標。不要目標過高，讓孩子處在「重複挫折」的狀態。使自主性越來越弱，越無法做出正確的決定。父母必須給予青少年如成人般的權利與義務，才能誘發青少年的成熟度。

父母成長區

電影：《樂園》（二〇一九）

《樂園》改編自「向日有機農場」（內湖區，大湖山莊捷運站，往山上方向走）場主許有勝的真實故事。片中以成功戒毒的黑道大哥華哥為主軸，他在山中開創一座農場，收取少年吸毒犯一起栽種有機作物。以同伴互相約束管理的方式，幫助他們戒除毒癮且能自食其力。

《樂園》的故事講述華哥經過自身的痛苦經歷之後，不希望社會上受到毒品困擾的年輕人步上他的後塵，所以創立有機農場，以工作及其他方式（佛法）集體戒毒。片中不僅呈現毒品的可怕，更看到人心的慾望，這些才是能否戒除毒癮的關鍵。

導演廖士涵聚焦於底層階級的年輕人吸毒、輟學的故事，及更生人就業困境等社會議題，呈現社會角落的黑暗面。電影的宣傳標語打著：「每個人都有一個戒不掉的癮。」《樂園》強調人在犯錯後該如何面對真實的自己，對抗內心的魔鬼，壓抑那個想重蹈覆轍的衝動。

毒癮的戒斷症狀以及毒品出現在眼前的誘惑，都是戒毒過程面臨的挑戰。修補破碎的家庭，也是其中困難的一環。

《樂園》全片圍繞在華哥身上，深入描寫他同時身處農場與自己的家庭之間，在一群少年與自己的女兒兩邊輪流扮演父親的角色。華哥角色的原型許有勝，當年是因為女兒結交壞朋友，在她身上看到年輕時的自己而決定戒毒。

父親為了女兒而走上正途，卻又因為「農場」而忽視對女兒的關懷，這兩難掙扎的心情，加深整部電影的層次感。本片在上海電影節入圍「最佳編劇、最佳攝影、最佳男演員」；劇中主角之一「原藤」，獲得最佳男演員獎。

書籍：《向日者：戒毒逆轉勝的故事》（許有勝等，二〇一九）

曾混黑道、吸毒三十年的許有勝，從家財萬貫到敗光家產。許有勝十四歲就沾染毒品，原以為是條不歸路（因此入獄、離婚、破產）。但在發現女兒竟「有樣學樣」，也開始吸毒時，為了做個好榜樣，讓女兒有健康的未來，他決定戒掉三十年的毒癮。

因繳不出戒治機構戒毒的十多萬元費用，已窮途末路的許有勝，只好把自己鎖在家

裡戒毒。最痛苦的時候只能吃安眠藥或用頭撞牆，才能戒掉吸毒的想法。他說這是錯誤示範，還是應該依循正當管道戒毒。

自主戒毒十年後的許有勝，因緣際會租地耕作當起有機農場，帶著一群戒毒的更生人，以近似「園藝療法」的方式，讓毒癮者重新開始。臺灣大約八、九成的犯罪型態因為吸毒而發生，吸毒年齡層下降已成為社會隱憂。吸毒是一條不歸路，能夠戒治毒癮非常不容易。

農場後來遭遇地主賣地的困境，許有勝說自己的貴人就是吳曜宗，吳為了幫忙，賣掉自己的田產，才保住將被轉售的農場，讓他得以繼續經營，並發展成「更生人的農場」。吳曜宗更請人教導戒毒者做麵包，考取烘焙執照、有一技之長，農場也有了穩定的收入。

「戒毒最重要的是環境」，許有勝說，戒毒者很容易破戒。山上與世隔絕，斷絕毒品環境，加上每天勞動耕種，較容易戒毒成功，目前已幫助過六十多名更生人戒毒。

9

親子意見相左時

3
1
4
2
對不起，媽媽，我要休學追夢去了
你不要失望，也不要覺得我不孝
我真的很愛你
但不一定要聽你的話

「莫非效應」是指隱約感覺到「有問題」的地方最好趕快處理，否則一定「會出事」。「魔鬼藏在細節中」，越輕忽的地方往往越容易被「侵蝕」而毀損。所以，即使孩子目前沒什麼問題，甚至表現優異，父母仍要「見不賢而內自省」，虛心地從「蛛絲馬跡」或「一體兩面」中尋找自己的教養盲點。

例如與孩子的身心距離漸行漸遠（忙於工作或親子交集太少）、父母失和而造成不良的家庭氣氛、父母的情緒失控（言語暴力或精神虐待）、對子女過度保護或期望過高（成功標準與面子問題）、經常指責孩子而很少讚美、對孩子的生活教育不足、孩子的情緒失控、孩子的交友問題、親子失和（或與父母一方不太親近）等。

因為親子之間成長環境與生活經驗不同，不少地方容易「意見相左」，如升學、交友、社團、休閒活動、生活作息與習慣、飲食喜好、手機使用、生涯規劃等。這只是彼此對事物的重要程度或價值排序不同，不一定誰對誰錯，也並非不能溝通與改變。

親子期望與目標的拉距戰

以生涯規劃或未來目標來說，父母真能了解孩子的長處所在，而放手讓他嘗試嗎？孩子有機會和父母暢談自己的未來，不怕被父母評斷或阻止嗎？

讓孩子勇敢追夢

Leo王（本名王之佑，一九九三年生）二〇一九年、二十六歲時，獲得第三十屆金曲獎最佳國語男歌手獎。得獎時，Leo王在臺上說：「我本來是念臺大社會系，後來輟學（大二休學）想說提早專心弄音樂。本人媽媽對此非常失望，好像我大學沒有畢業就非常不孝一樣！媽，不要再這樣情緒勒索了，我也愛你，但是我不一定聽你的話。」

帝亞吉歐(DIAGEO)是全球酒精性飲料領導廠商，二〇〇三年起在臺灣推動「KEEP WALKING夢想資助計畫」，鼓勵個人追求自我成就，為在地文化創意產業、社會企業、環境保育、人文科技、教育、醫療等多元領域盡一份心力。

「KEEP WALKING 夢想資助計畫」目前仍持續進行中，曾將第十二屆夢想資助計畫成果整理為《樂築夢想，成就非凡》一書。以書中兩個例子來說明，父母對孩子的態度是孩子能否勇敢追夢的關鍵。

先以政大企管系畢業的陳凱翔來說，年僅二十八歲，即與夥伴共同創辦 One-Forty（二〇一五年成立）。這是一個非營利組織 (NPO)，名稱為「社團法人臺灣四十分之一移工教育文化協會」。那時在臺灣每四十個人就有一位是來自東南亞的移工，差不多占臺灣人口數四十分之一（到了二〇一八年移工人數超過六十七萬人，大概占了臺灣人口數的三十五分之一）。

工作目標是讓東南亞移工在臺灣的旅程更具價值，透過設計各種線上與實體的培力課程，讓移工在工作之餘學習並累積自我。提供一個溫暖自在的地方，讓他們可以在這裡做自己、說自己的故事，也學習有用的知識或技能。協助他們更快融入臺灣社會，以及回國後有能力開創更好的生活。透過定期的文化交流活動、藝術展覽、自媒體經營等，將東南亞移工的故事散布在臺灣這片土地上，創造一個實質友善的社會。

很多東南亞移工在臺灣一待近十年，照顧老人或在中小企業的工廠、大型公共建設補充基層勞動力，支撐了很大部分臺灣社會的舒適生活。如果全臺灣的東南亞移工突然消失，我們的社會會變成什麼樣子？或你希望他們回家後會如何形容臺灣？

陳凱翔大學時期就閱讀了大量國外非營利組織的書籍，後來有機會到北京大學光華管理學院當交換生，適逢四川大地震，開始關注中國農民移工的問題。

大學畢業後，他不知道自己的職涯方向，決定給自己多一些時間，於是選定旅費便宜又有朋友家可借住的菲律賓。回臺灣不久，他又給自己三個月時間去了印度，跟隨當地非營利組織一起照顧貧民窟的孩子，教他們簡單的功課與照顧三餐。

從北京、菲律賓到印度再回臺灣，什麼樣的父母可以容許、放手讓孩子這麼四處漂流？年輕創業者常見的家庭革命，幸運地沒有在他周遭掀起風暴。陳凱翔說：

我的爸媽不太擔心我，可能是我一直以來都把自己照顧的很好吧！

父母的支持與了解

書中的另一個例子——馬術騎士孫育仁，他是先天腦性麻痺患者，從小母親就帶著他參與許多復健課程，直到五歲才會走路，話也才說得比較清楚。他是單親家庭，母親沒有因為他的身體疾病而對他寵溺。小時候他跌倒時，母親不會衝過來抱起他或激動地安慰他。反而要他自己站起來，如果站不起來就一直趴在那裡。母親說：

我沒辦法陪你一輩子，但腦性麻痺會陪你一輩子。

這樣的教育方法讓他從小就堅強獨立、不輕易放棄，母親不斷讓他嘗試許多運動，不強制介入而讓他自己選擇。母親這種不放棄與開明的教育，就是他能一次又一次跌倒再站起來的力量。

國中畢業後他決定成為一名馬術選手，馬術教練推薦育仁去新竹所羅門馬場當學徒，要清馬房、刷馬、洗馬、備馬、餵馬。他每天五點半就起床，在這樣的生活中培養出不同凡人的耐力。他學騎馬比一般人多好幾倍的練習，像是在馬背上隨著步伐一站一坐的「打浪」，平常人大概練習五十到一百下，他每天要做一千下才休息。

但不是每個孩子都能得到家人的了解與支持，有時自己盡了全力，父母仍然放不下期待（其實是莫大的壓力）。敘寫自己罹患憂鬱症，將發病過程出書的蔡嘉佳，在第二本書《廢文》中提到，她的壓力來自升高中時沒有考上第一志願（考上臺中的第二志願文華高中），使她自認是升學主義的失敗者。因為母親在每日必經的路上（往左是臺中女中，往右是文華高中）說：

> 我以為你會像姐姐一樣，穿著綠色制服站在那兒等公車。

嘉佳知道母親是無心的，因為父母也是臺式升學主義的被綁架者，他們並不明白那對於一個孩子象徵著什麼。嘉佳好幾次想像自己穿著綠衣黑裙，站在樹下站牌等車的畫面。後來好一陣子遇到綠衣黑裙的女孩，就低著頭速速竄過，有種「不如人」的情緒壓抑著。

化解親子衝突

親子衝突不一定很明顯或發生在不聽話的孩子身上，也不都是故意的或能夠解決，且不一定有破壞性或需要壓制。

仇恨不能解決問題

讀小學之前，我的爸爸被判刑入獄（刑期一年半），媽媽很辛苦地開雜貨店（一毛錢商店）養活我們（小妹淑芳尚在襁褓中）。後來媽媽與鄰居（有婦之夫）離家出走，丟下了我們四個。爸爸出獄後四處尋找媽媽，知道她已和別人生了孩子，爸爸只好同意離婚。

我們是否該恨媽媽？四個人的感受也許不同。我跟媽媽的相處時間最久，也看到媽媽的辛苦。讀大學後與媽媽恢復了聯絡，所以我吃到的「甜頭」較多。一定要說，我會「同情」她因為學歷（小學肄業）與就業能力不足，所以才不得不拋下我們。

所以基本上我鼓勵離婚後的夫妻要化解仇恨、維持良好關係，不要將上一代的恩怨讓下一代「繼承」。這當然有一定的難度，要花相當的時間來調整自己。但為了兒女的未來，絕對值得努力放下「我執」。

因為自己的心靈受創，除了百般詆毀另一方的惡行外，也強力阻止孩子與另一方父母見面。將孩子視為自己的所有物，要孩子只感恩自己的付出。

這樣做的後果，滿足了自己的情緒宣洩與心理需求，卻犧牲了孩子對親情的渴望，也可能造成孩子認知的錯亂（對父母愛恨的矛盾心理）。

孩子會認為父母處理不了婚姻中的種種問題，為什麼要把小孩牽扯進去，弄得子女的人生也充滿陰霾？

繼親父母難為

讀國中時，爸爸為了讓我專心課業（較沒時間做家事了）而再婚；然而，我們與後母的相處，比想像中困難得多。並非我們四個小孩任性，有人肯來當我們的媽媽，實在「求之不得」，怎會與她作對？但要建立母子關係、產生情感，真的不容易。而且不知何故「動輒得咎」，一天到晚惹後母生氣，因此我們常挨罵、挨打。

紛紛擾擾近六年，在我高三那年，爸爸「還是」與後母離婚了（之前離過一次婚又結婚）。當時讀小學六年級的小妹淑芳頻頻追問：「這次是真的離婚了嗎？不會再結婚了吧？現在可以隨便說話了嗎？」可見她與後母在一起時是多麼戒慎恐懼，開口都怕說錯話！

建立繼親家庭的親子關係是一大學問，要有相當的修養與智慧。有位單親媽媽帶著三個孩子改嫁，又與丈夫生了一個孩子。這對有智慧的父母怎麼建立良好的繼親關係？

1. 維持孩子們對繼父原先的稱謂（〇伯伯），不改變原先的關係（原本〇伯伯就與他們認識，平時很照顧孩子們）。

2. 買東西或禮物時只給前面的三個哥哥姐姐，最小的弟弟必須耐心等待兄姐分享，否則就沒有。久而久之，兄姐基於「同情」（其實是感受到繼父的用心良苦），終於將最小的弟弟視同手足，樂意與他共享，不再擔心繼父偏心了。

親子衝突的建設性

爸爸與後母離婚後又成了單親（其實後母在家時，爸爸也算單親，因為後母幾乎都不在家），爸爸的責任未了，要繼續帶領國、高中階段的弟妹前進。除了我讀公費學校（臺師大），弟妹都讀私立學校或重考班（弟弟是正修工專，大妹是金陵女中，小妹讀國四重考班）。龐大的經濟壓力之外，青春期孩子的問題也特別多，爸爸的心煩可說「全年無休」。

除了親子觀念的衝突，爸爸還有其他「力有未逮」之處，例如他沒法協助我們姐妹處理生理發育方面，例如內衣選擇、衛生棉使用等問題。在照顧兒子方面，爸爸可能也有盲點，例如難以滿足弟弟對母愛的渴望。「關關難過關關過」，爸爸可真費盡了心血。

父親或母親誰較容易與孩子發生衝突？父親或母親誰較擅長化解親子衝突？這可能沒有一定的規則，例如單親教養時，就全都是一個人的責任，必須十項全能。以我來說，與單親爸爸的衝突也不少，例如在輔系的選擇上，爸爸在第六十封家書上說：

我要你選修英文、日文，並不是說將來可以為人補習而賺小錢，是為大而遠處著想。今天電訊交通發達，世界越來越小，英、日語是國與國之間的新知識，交通情感的必備條件。社教系的工作範圍甚廣，今天這個世界沒有多種國際語言能力，就不可能有超人的成就。

不要以為我的想法是為了錢，那你就錯了。我說過，我對子女是奉獻，就如同一支蠟燭，照亮別人犧牲自己。我不求得到什麼，我沒有動產或不動產給你們，只希望你們能讀盡量讀。我說的已經太多了，決定走哪條路全在你自己，以後不會再說了。

後來，我並沒有接受父親的建議，仍然選擇國文為「輔系」，現在想來其實有些後悔。

再來，父親認為我的大學生涯中社團占據的時間及心力似乎太多了，要我辭去某些社團活動的職責。但後來，他在第七十封家書說：

雖然有時候我們在參加社團上的意見不一致，但事後發覺，你的決定是正確的。上次我參觀了你們語言社舉辦的師大盃辯論比賽，我才領悟到社團活動才真正是大學生表現自我、發展才智、砥礪品學、塑造自己、開拓人生、讀活書、學習做人做事的最佳途徑。

正如你說的，重要性與功課相當，為一種社會人的實習，我支持你的做法與決斷。

結果父親改變了他的想法，十分支持我的社團活動。所以大二及大三兩年，我擔任不同社團的負責人，參加許多演講、辯論、論文寫作等比賽，舉辦了各種講座及營隊活動。

大二到大四，我還到師大附中擔任演辯社的指導老師，萬分榮幸認識了一群十分優秀且熱情（有溫度）的附中人，生活過得活躍又充實，動靜兼顧。不僅是正式學分的學習（為了考教育研究所，我修了許多教育系的學分），還充分利用社團、實習（我的主修是社工）、比賽等潛在課程，使我在大學畢業那年獲得「師大傑出學生獎」（全校共四名，每學院一名、研究生一名，我是教育學院的得獎者）。

當時我曾向父親提到「家教」賺錢的辛酸，認為不值得浪費時間，但爸爸在信上說：

你說家教之心酸，非身在其中無法體會。與課業權衡之下，你決定放棄此暫時賺錢的機會，這是你覺得最具遠見與智慧的決定。辭了家教，心情較為輕鬆，可做更多事，看更多書，不想為近利所累，迷失了偉大的理想。

我支持你的決定，但是你說人生並非以賺錢為目的，這句話有語病。你的想法尚停留在學生階段，是美麗的幻想。當你深入社會，接觸現實的生活，面臨衣食住行柴米油鹽的時候，就知道金錢的魔力無窮、壓力無情。錢是媒介是工具，「君子愛財，取之有道」，「取之社會，用之社會」，賺錢有何不可？

爸爸先支持我的決定，繼而提醒社會的現實面，以及指出我在思考上的不周全。這樣的溝通方式較為間接、委婉，是所謂「三明治溝通法」（將「建議」夾在上下兩片的「讚美與支持」當中）。

我與父親的衝突還有更重要的大事——我的中程目標「大學畢業後的進程」，我們父女意見不同、思想差距太大，最後爸爸仍尊重我的決定、不再勉強我。在第七十四封家書，他說：

關於你將來是教書呢，去唸研究所、出國？是高考過關做個公務員？你問我的意見，我認為還是要問自己的興趣、理想與決心如何，我不敢再勉強你要如何。

並不是我不關心不負責，因為我們父女的思想有距離；我的思想在幾十年生活的煎熬之下，偏重於現實。如以前為了你選讀英文輔系，及你結交男朋友這兩件事，我們父女的想法、看法大相逕庭。

你們年輕人對社會上人事物的看法，都是美化的、夢幻的，兼而有衝動的，是對是錯，不敢肯定，所以我只好屈服。

對於你將來是幹什麼，如果真要我表示意見，我認為教書要、高考也要，唸研究所和出國深造更要，因為這是一個有抱負、有志氣、成大事、創大業者一貫的奮鬥程序，並不衝突。

師大畢業後，教書一年是命令也是必須，一年之後參加研究所考試，這是人人都需求的。至於出國與否，要看當時自己的生活條件及國家的需要而定。倘使有機會而適合自己，當然是要爭取。探討更高更深的學問，對國家與個人都是有益而無害。

現在看到父親對於我出國讀書的建議，我承認自己又是一陣汗顏與後悔。不得不承認爸爸是對的，也謝謝他支持我當時不夠有遠見及吃不了苦的抉擇。

團隊合作與向人請教

不論是父親或母親，與子女發生衝突時，都要反省與共同合作，一起找到衝突的關鍵點。夫妻間若是相互指責、推卸責任，就會使情況更糟。

如果是單親教養，就要多找有經驗與智慧的人，陪你一起客觀及多角度的審視。

一個人悶著頭想，不僅無效，而且會錯失幫助孩子的最佳時機。雙親教養也一樣，若有良師益友一起幫忙問題「診斷」，可以更快看到盲點，避免犯下如鄭捷父母所說「我所不知道的疏失」。

「多請教、多學習」絕對是個良方，並非別人的意見一定比你好，或自己全都做錯了。而是藉由別人的刺激，找到最適合的方法，讓自己不會「白努力」、吃力不討好。也可藉此找到適合自己的「親職教育達人」，日後不用再浪費時間「東問西問」。

教養男孩或女孩在親子衝突的程度或類型上有所不同嗎？一般認為男孩調皮或男孩要有前途，這是社會價值觀造成的性別偏見，對男孩或女孩都不公平。真正重要的還是孩子的潛能與個性，應讓他們都能有所發揮。有時多問問孩子的老師或身邊的親友，他們可能更能指出我們對孩子的誤解（或「性別刻板印象」），提出他們所看到孩子的亮點（卻一直被我們「無視」）。

寬容與尊重

父母是最親近孩子的人，如果他們都看不出孩子的天分，其他人就更難做到。

只有親子之間夠坦誠，孩子才會將隱藏的自己打開，告知父母真正的需要，或自己有哪些天賦是父母沒有注意到的。

我的父親也曾為了青少年階段的弟妹傷透腦筋及傷透了心，因為年少時無知，容易言行犯上及反抗。在第一一一封家書中，爸爸說：

芳哥已國中三年級了，但仍不知努力，我口已破、心已碎，獎罰均已無效，請你替我、替她想想辦法。新民雖能克制她，但新民無耐心，也是我時刻頭疼的一個。這兩個孩子雖聰明但不好學，且時有犯上的言行，我痛心極矣。

後來他們都在課業及前途「反敗為勝」，是因為自己有了學習動機，氣勢就銳不可擋了。淑芳在國四重考班的成績最初是四十七名，然後一路進步為第二十名、第十六名、第四名，半年不到就竄升到第一名，之後也一直維持第一名，從一個高中落榜生，變成考上第一志願的優等生。成年後遠赴英國利物浦大學攻讀碩士學位，之後再取得高雄醫學大學護理學博士學位。有了動機與目標，讀書就能完全自動自發、自立自強，不需要任何人逼迫。

新民的情形更加曲折，正修工專畢業後，服預官役三年。退役後到補習班一年，而後考取工業技術學院（如今臺灣科技大學）機械系。工作三年後以自己賺的錢進入補習班，準備學士後醫學系考試。直到第三次，終於考取成大醫學系。其間艱苦無法言喻，但都沒有把他擊倒。

弟弟新民是家中唯一的男孩，傳統上「重男輕女」的觀念並未使爸爸對他期望最深或偏心。但因他非常調皮，相信爸爸應該費盡了苦心。記得弟弟小時候很貪玩，常整天不見人影。爸爸非但沒罵他，還說：「兒子啊！就憑你這股玩的精神，不怕熱、不怕餓、不怕渴、不怕累，將來做什麼事都會成功。」

爸爸對我們都很寬容，幾乎是完全尊重孩子的選擇。包括我的高中選組、大學選輔系，淑芳沒考上高中而選擇做工等；尤其對弟弟新民更是明顯。弟弟說：

我從小就很會玩、不太乖，也許是因為爸爸對我「施不上力」吧！所以比較寬容。爸爸常對我說：「能唸多少書就唸多少吧！將來有份工作就好。」

高中時我考到左營高中，五專登記後，爸爸先帶我到嘉南藥專看看（認為讀這所學校將來較容易找到工作），最後我登記上了成績較高的正修工專。

服兵役時我考上預官，在一起的其他預官都是大學生，只有我一個五專生，於是興起了讀大學的想法。退伍後回家沒幾天，因為打籃球而摔斷了手（註：當時他一直哭著說：「爸爸，對不起！」）。手術不太順利，住院期間（註：許多人擠在一間大病房）幾乎都是爸爸一個人在照顧我。

到了十月份手傷才復原，我去臺北中途插班進入補習班，隔年考上臺灣科技大學機械系。正修工專同一年畢業的僅有兩人考上第一志願——臺科大，爸爸非常高興，還放鞭炮慶祝，大概是沒想到我會考上吧！大家也都覺得我是一匹「黑馬」。

以前我很貪玩，二十歲以後卻開始自動自發地讀書。讀完臺科大二年制專科取得大學文憑後，接著我決定報考學士後醫學系。花了兩年在補習班唸書，考上成功大學學士後醫學系，讀了五年，直到三十一歲從成大畢業。

整個回想起來，我和爸爸的交集好像不多。因為我一天到晚在外面玩，回到家也很少跟爸爸交談（註：弟弟覺得奇怪，為什麼我們三姐妹都跟爸爸很親近，有許多話可說）。

但我還是感覺得到爸爸為這個家付出很多，長期的單親生活真的很累。可惜他在我剛剛擔任住院醫師時就中風了，當我可以賺錢給他時他卻享受不了。

當時我拿一大疊鈔票給他看，告訴他這是我賺的錢。爸爸高興得用不清楚的聲音急促地說：「你賺的嗎？是你賺的嗎？你真厲害！」

我非常感謝妻子晏晨將爸爸當成自己的親爸爸一般照顧，使他中風後能過得較好（包括生了三個可愛的孫女及一個聰明的孫子）。但是我也十分遺憾自己身為醫生卻沒能治好爸爸，讓他可以多享些福。

而今我有把握可以治好他的病，卻一切都來不及了，爸爸真的很可憐！

新民嘴上說與爸爸的交集不多，但實際上當爸爸心肌梗塞而「路倒」，在加護病房四十八天、住院好幾個月的搶救，要不是他盡心盡力照護（父親嚴重中風後，大多住在新民家裡，其次是淑芳家裡），爸爸應該難以多活七年。

弟弟雖然一直感到遺憾，但我這個長姐卻非常感謝他及弟妹晏晨。我的弟弟妹妹都非常孝順，淑慧、淑芳都是爸爸心目中最貼心的好女兒。

父母成長區

書籍：《那些不堪回首的痛苦，都只是增添人生厚度的養分》（樺澤紫苑，二〇一九）

作者樺澤紫苑曾在多所醫院擔任精神科醫師，二〇〇四年前往美國芝加哥伊利諾大學留學三年，進行有關憂鬱症與自殺的研究。學成歸國後，於東京創立樺澤心理學研究院。為了向民眾推廣精神醫學的知識與資訊，並達成預防精神方面疾病的目的，他選擇透過網路媒體，以淺顯易懂的方式，傳播精神醫學、心理學、腦科學的相關知識與資訊。

作者引導大家「用對方法，就能將壓力轉化成動力！」使討厭鬼不再討人厭，煩人的工作變快樂，不再對未來惶惶不安。例如將「痛苦」轉化為「快樂」的七種方法：想一想「快樂」的事、以正向積極的詞彙換句話說、把「迫不得已」變成「自動自發」、客觀檢視（相對化）狀況、學習解決方法與因應方法、不要執著於消除原因、專注於現在。這些方法不只用在工作或個人目標上，用在人際關係的改善上也非常有效。

現今許多人深受「憂鬱症」和「精神疾患」之苦，想要預防心理疾病，就必須減輕

「壓力」。但如果不了解壓力形成的原因，就會在不知情的情況下，做出讓自己容易罹病的行為，也無法及時察覺自己生病。其實只要具備一定程度的知識，就可以預防生理與心理的疾病。即使生病了，只要立刻就醫，就能在病情惡化之前治癒。

作者以專業精神科醫師的角度撰寫本書，彙整各種「化『痛苦』為『快樂』的方法」，這些方法都是從最新的腦科學研究、心理學研究當中挑選出來的。任何人都可以輕易實踐，而且馬上就能看到成果。

第四篇

不只孩子要長大，父母也要

10

搶救脆弱、危機家庭

1
都不准出去玩！坐下來念書！
嘖！
2
這一點發燒有什麼關係？
又在裝病！
3
學校又要錢？告訴老師說
我們家沒錢！
4
哇！你的便當都酸掉了嘛！
家裡沒錢買菜了

「生兒育女」是指生理上已成熟，但不保證心理的成熟，後者才是好父母的關鍵。例如離婚時爭取親權（俗稱監護權），裁判的理由即包括父母的心理成熟度，如父母一方在孩子面前惡意詆毀他方，甚至灌輸子女不當概念，可能使孩子產生仇恨、罪惡，對孩子的成長產生負面效應，法院即可推定為不適任親權。

因為，法院基於子女的利益，希望父母雙方在孩子的照護、教育上能互助合作，而非對立衝突。父母一方對於他方的會面，應抱持較開放態度，使孩子可適當與父母雙方互動。上述看來合情合理的要求，對許多離婚夫妻或未婚生子的伴侶來說卻很難做到。

搶救危機家庭

內政部定義的「高風險家庭」是指「家庭成員關係紊亂或家庭衝突：家中成人常劇烈爭執、互毆、揚言報復」。成因包括：

1. 家中成員曾有自殺傾向或紀錄。
2. 照顧者（主要為父母）罹患精神疾病，但未就醫或未持續就醫。

3. 照顧者有酒癮問題、藥癮問題。
4. 經濟困難、婚姻關係不穩、家庭衝突等，造成照顧者負面情緒，導致對兒童施虐甚至帶孩子自殺。

遭受虐待的兒童由於身心受創（嚴重程度因孩子的排行、身體狀況、認知程度、周遭社會支持力量等不同），影響日後的人際關係與家庭生活。其實，上述狀況的任何一種都會影響孩子的身心健全發展，不可輕忽。

第一與第三條有關自殺與精神疾病較有關聯，社會上某些犯罪也與這兩條狀況有關。成年人罹患精神疾病時都可能「束手無策」，若家中照顧者尤其是父母，罹患精神疾病但未就醫或未持續就醫，加上曾有自殺傾向或紀錄，孩子受到的驚嚇或擔憂會有多深？

我在教授心理學相關課程時，常有學生問：「父母罹患精神疾病時，為什麼不去治療？為什麼其他家人要隱瞞、不准父母去就醫？這樣人生不是毀了嗎？自己會否遺傳到父母（或爺爺奶奶、外公外婆）的精神疾病？或其實自己已經有精神疾病而不自知？」

家庭內的呼救聲

高風險家庭分為「脆弱家庭」與「危機家庭」兩種，脆弱家庭是「因貧窮、風險與多重問題，造成物質、生理、心理、環境的脆弱性，需要多重支持與服務介入之家庭」。危機家庭則是「家庭已發生家庭暴力、性侵害或兒少受虐、保護問題，需要立即加以處理」。

《家庭暴力防治法》簡稱《家暴法》，於一九九八年制定，是為防治家庭暴力行為及保護被害人權益，起因於一九九三年的「鄧如雯殺夫案」。

鄧如雯家裡經營檳榔買賣，林阿棋是常客，但鄧如雯的母親被林阿棋強暴性侵多次。鄧如雯十六歲讀國三那年，因為母親傷病住院，林阿棋藉口探視卻對鄧如雯性侵得逞。鄧不幸懷孕，唯一出路就是結婚收場。婚後鄧如雯不堪被毆而離家，但林到娘家施暴及恐嚇全家，揚言強姦鄧的妹妹，將其賣到妓女戶，使鄧如雯不得不返家。與林生下的兩個幼子也無法倖免，遭林將孩子投入洗衣機內啟動機器成傷。

二十二歲的鄧如雯歷經六年暴力凌虐，終在林又恐嚇要殺鄧全家時，為保護家人而趁林熟睡時將林殺害。事件引發社會討論，婦女權利團體開始催生《家暴法》

的訂立。一九九九年六月，臺灣全面實行民事保護令制度，是亞洲第一個實行《家暴法》的國家。

當時女性無法受到合理對待，經濟、社會處境、權力均處於弱勢。傳統的性別分工裡，女性要服從丈夫、照顧家庭，自身的需求被無視，即便身為性與暴力的受害者亦如此。在不對等的婚姻中無法保護孩子，離婚也難以取得監護權，這是許多女性無法離開暴力婚姻的原因。

鄧如雯的兩個兒子分別為六歲與四歲，看見陌生人不願意說話。不斷目睹母親被父親施暴，「童年陰影」、「早期創傷」像不斷播放的錄影帶，形成「創傷後壓力症候群」。

出於傳統父權觀念，林家不願意放棄小孩的監護權。一審宣判，法官以鄧如雯不便行使親權為由，判由死者林阿棋的二哥為子女監護人。到了二審，法院終於允許鄧如雯接受鑑定，精神科出具證明鄧如雯案發時精神極度耗弱，並處於短暫而似失智性之低度偏差化行為，法院最終改判有期徒刑三年。透過庭外和解，林阿棋二哥將小孩還給鄧如雯。鄧如雯服刑一年半後表現良好，假釋出獄。

家暴事件及處理

一九九九年六月，全國各直轄市、縣市開始成立「家庭暴力防治中心」，整合警政、教育、衛生、社政、民政、戶政、勞工、新聞等，共同推動家庭暴力防治業務。不僅對家暴被害人與被害人未成年子女提供保護扶助，也二十四小時提供被害人救援與危機處理，讓家暴被害人不會求助無門。不只如此，法院也命令加害人接受認知教育、親職教育、心理輔導、精神治療或戒癮治療等處遇計畫。

依《家庭暴力防治法》第八條：

直轄市、縣（市）主管機關應整合所屬警政、教育、衛生、社政、民政、戶政、勞工、新聞等機關、單位業務及人力，設立家庭暴力防治中心，並協調司法、移民相關機關，辦理下列事項：

1. 提供二十四小時電話專線服務。
2. 提供被害人二十四小時緊急救援、協助診療、驗傷、採證及緊急安置。
3. 提供或轉介被害人經濟扶助、法律服務、就學服務、住宅輔導，並以階段性、支持性及多元性提供職業訓練與就業服務。

4. 提供被害人及其未成年子女短、中、長期庇護安置。

5. 提供或轉介被害人、經評估有需要之目睹家庭暴力兒童及少年或家庭成員身心治療、諮商、社會與心理評估及處置。

6. 轉介加害人處遇及追蹤輔導。

7. 追蹤及管理轉介服務案件。

8. 推廣家庭暴力防治教育、訓練及宣導。

9. 辦理危險評估，並召開跨機構網絡會議。

10. 其他家庭暴力防治有關之事項。

前項中心得與性侵害防治中心合併設立，並應配置社會工作、警察、衛生及其他相關專業人員；其組織，由直轄市、縣（市）主管機關定之。

保護扶助的部分，依《家庭暴力防治法》第十條：

被害人得向法院聲請通常保護令、暫時保護令；被害人為未成年人、身心障礙者或因故難以委任代理人者，其法定代理人、三親等以內之血親或姻親，得為其向法院聲請之。

檢察官、警察機關或直轄市、縣（市）主管機關得向法院聲請保護令。

家庭成員部分，依《家庭暴力防治法》第三條：

包括下列各員及其未成年子女：

1. 配偶或前配偶。
2. 現有或曾有同居關係、家長家屬或家屬間關係者。
3. 現為或曾為直系血親或直系姻親。
4. 現為或曾為四親等以內之旁系血親或旁系姻親。

也包括現任或前任男女朋友，「被害人年滿十六歲，遭受現有或曾有親密關係之未同居伴侶施以身體或精神上不法侵害之情事者」，即可準用《家庭暴力防治法》相關規定，受到《家庭暴力防治法》的保護。前項所稱親密關係伴侶，指「雙方以情感或性行為為基礎，發展親密之社會互動關係」（《家庭暴力防治法》第六十三條之一）。

暴力家庭多半還有貧窮、負債、失業、酗酒、吸毒、精神疾病、婚姻衝突、未成年懷孕、家庭關係混亂、疏離，或夫妻年紀輕輕就結婚等多重風險因子。這些家庭很需要及早被辨識、提供多重支持與服務介入，因此社會福利、衛生、教育、就業、警政等必須跨部門合作，才能有效預防與解決問題。

家暴問題常糾結感情、財務、居住、子女等諸多因素，需要社工一併處理。衛生福利部自二〇一五年開始補助直轄市、縣市推動「以被害人為中心之『一站式』家庭暴力處遇服務計畫」。也就是同一地點提供家暴受害人庇護安置、就業諮詢、復原輔導、陪伴支持、家庭關係協談、兒少目睹暴力輔導等多種服務。

一一三保護專線於二〇〇一年一月十三日正式啟用，二十四小時全年無休。自二〇〇五年起，一一三保護專線增設英語、越南語、泰語、印尼語、柬埔寨語等五種外語通譯服務，使新住民不會因語言隔閡而孤立無援。另外，聽語障者也可用手機簡訊撥打求助。

不只一一三保護專線，衛生福利部於二〇〇四年六月二十三日設置〇八〇〇〇一三九九九男性關懷專線。男性在夫妻相處、親子互動時，若有溝通出現障礙，情緒容易暴怒，或是與另一半常出現爭執，或不聽從自己意見即有打人的衝動，對於控制情緒這件事感覺束手無策時，就可以打這支專線，作為傾訴管道。近年來，家暴被害人雖以女性為大宗，但男性家暴被害人也有增加趨勢。男性面臨家暴威脅時，常有苦難言，打這支電話也可以尋求協助。

二〇一五年《家暴法》修法，除了明定「目睹家庭暴力」定義，被害人聲請保護令時，也可以將目睹家暴的未成年子女納入保護對象，包括禁止相對人施暴、騷擾，命相對人遷出住居所、遠離特定場所等。此外，目睹家暴的兒少也可以申請地方政府所提供的緊急生活扶助費，以及健保不給付的醫療、身心治療與諮商輔導等費用。這些孩子雖然沒有直接遭受暴力，但長時間處在家庭暴力環境，身心傷害及生活影響非常深遠。各直轄市、縣市也設置「未成年子女會面交往處所」，當這些孩子與父親或母親見面時，會有專業人員守在一旁。一方面讓未成年子女可以享受父母關愛，另一方面也可以兼顧受害者、小孩的人身安全。

兒虐事件及處理

依據《兒童及少年福利與權益保障法》（二〇〇三年公布），家庭出狀況如暴力行為、精神疾病或吸毒，以致父母、監護人或其他實際照顧兒童及少年之人對兒少有下列行為者：

1. 對於六歲以下兒童或需要特別看護之兒童及少年，使其獨處或由不適當之人代為照顧。

2. 兒少未受適當之養育或照顧，致生命身體或自由有立即危險或危險之虞者。

3. 兒少有立即接受診治之必要，但未就醫者，致生命身體或自由有立即危險或危險之虞者。

4. 兒少遭受其他迫害，致生命身體或自由有立即危險或危險之虞者。

以上狀況均可打保護專線一一三求援，啟動「社會安全網機制」。除了社工評估小孩安全、家庭整體狀況，心理衛生社工也會協助父母就醫。學校、醫院若懷疑小孩受虐待、需要保護，也會進行通報。為了阻止加害人持續施暴，《家暴法》也引進先進國家經驗，實施民事保護令制度。在過去，一旦遭受家暴威脅，被打的人只能逃家避難。但聲請保護令後，公權力、司法單位便可介入提供援助。

依照《兒童及少年福利與權益保障法》（二〇二〇年一月十五日修正）第四十九條規定，任何人對於兒童及少年不得有下列行為：

1. 遺棄。
2. 身心虐待。
3. 利用兒童及少年從事有害健康等危害性活動或欺騙之行為。
4. 利用身心障礙或特殊形體兒童及少年供人參觀。
5. 利用兒童及少年行乞。
6. 剝奪或妨礙兒童及少年接受國民教育之機會。
7. 強迫兒童及少年婚嫁。
8. 拐騙、綁架、買賣、質押兒童及少年。
9. 強迫、引誘、容留或媒介兒童及少年為猥褻行為或性交。
10. 供應兒童及少年刀械、槍砲、彈藥或其他危險物品。
11. 利用兒童及少年拍攝或錄製暴力、血腥、色情、猥褻、性交或其他有害兒童及少年身心健康之出版品、圖畫、錄影節目帶、影片、光碟、磁片、電子訊號、遊戲軟體、網際網路內容或其他物品。
12. 迫使或誘使兒童及少年處於對其生命、身體易發生立即危險或傷害之環境。
13. 帶領或誘使兒童及少年進入有礙其身心健康之場所。

14. 強迫、引誘、容留或媒介兒童及少年為自殺行為。

15. 其他對兒童及少年或利用兒童及少年犯罪或為不正當之行為。

上述情形得請求法院宣告停止親權或監護權，或得另行聲請選定或改定監護人，必要時得進行緊急安置。有一種狀況至今仍一再發生，造成不少兒童墜樓或火災致死，即違反《兒童及少年福利與權益保障法》第五十一條：

父母、監護人或其他實際照顧兒童及少年之人，不得使六歲以下兒童或需要特別看護之兒童及少年獨處或由不適當之人代為照顧。

第五十三條並特別加強經常與兒童及少年接觸者的法定通報責任，以及任何人發現有兒少受虐等情事均可通報：

醫事人員、社會工作人員、教育人員、保育人員、教保服務人員、警察、司法人員、移民業務人員、戶政人員、村（里）幹事及其他執行兒童及少年福利業務人員，於執行業務時知悉兒童及少年有下列情形之一者，應立即向直轄市、縣（市）主管機關通報，至遲不得超過二十四小時。

任何人知悉兒童及少年有前項各款之情形者，得通報直轄市、縣（市）主管機關。

依據衛福部公布兒虐事件通報總數，在二〇〇七年由19,247件攀升到二〇一六年的54,597件，十年內急劇增加近三倍。其中，「責任通報」數字由12,453件提升至44,889件，顯著成長3.6倍；而「一般通報」則由6,794件提升至9,708件，僅緩步增加近1.43倍；「責任通報」與「一般通報」數字成長率，有相當程度的落差。「親友」、「鄰居及社會人士」通報來源，較十年前數據少，分別減少0.85及0.92倍；「鄰居及社會人士」的通報數字，在各年度所呈現比例也逐年遞減。可喜的是，「案主主動求助」十年內增加4.25倍。顯見「兒少保護」宣導對兒少發揮效益，但對成人的宣導效益未明顯助益（詳附件一、附件二）。

兒少遭暴力對待的事件不斷發生，除了仰賴責任通報者、家人親友的拯救外，生活中所觸及的社區鄰里也能帶領孩子走出黑暗森林。然而近十年兒少保護數據中，「鄰里通報」數字不但未增長，且在「一般通報」所占比率竟逐年遞減。「社區」是兒少緊密互動的生活圈，若無法積極參與保護網絡的建置，兒少受虐的冰山、死角，將難以突破。

家扶基金會在二〇〇七年進行「兒童保護觀念與態度調查」，二〇一八年初再次進行同樣調查。針對兩次調查結果比較，了解民眾十年內的「兒童保護觀念與態度」的進展。發現在「知識」部分，普遍能認知通報管道及須通報情形；在「作為」部分，受訪者曾通報比例皆未達一成；在「態度」部分，擔心通報後身分曝光皆約占四成、怕被找麻煩都有二成；在「觀念」部分，賦予情境感受（如兒少遭體罰、遭辱罵、持續求饒、沒飯吃、沒人照顧、遭不當觸摸、遭騷擾欺負）的情況越明顯，民眾的通報意識越強。

衛福部二〇一六年兒童少年保護案件受虐人數共計9,461人，平均每天有近26名兒少遭受不當對待；令人擔憂的還有那些尚未發現、仍處在暴力中的「黑數」。兒少保護通報資料屬於保護、保密資料，通報者無須擔心身分曝光，亦無須憂慮會被找麻煩。且兒少是否遭受過當對待，民眾只要盡責「舉發」，留意發生時間、頻率，提供可辨別資訊，均有助於負責機構或社工進一步評估與查證，也將大幅減少漏網的遺憾。

家人罹患精神疾病

不僅父母或其他家人罹患精神疾病，可能影響子女的照顧與成長。如果子女罹患精神疾病而父母未及早處理，對子女的影響也很大。

敘寫自己罹患憂鬱症過程的蔡嘉佳，在《廢文》一書當中提到，看到新聞報導說，一位年輕的國中女孩被媽媽帶到精神門診，醫生診斷女孩有思覺失調症，但媽媽不信，將女兒直接帶回家，並禁止她服用精神科藥物，甚至控告醫生。當然媽媽敗訴了，因為女孩確實患有精神疾病，需要藥物治療。嘉佳非常感慨，這個世界距離接受精神疾病而不畏懼，還有好遠好遠的路。嘉佳質疑：

父母禁止未成年子女正當就醫，是不是有列入兒少法保護，我並不清楚，但想像那個女孩所受的苦，她已經這麼痛了，身與心的，才這樣豆蔻年華的少女，媽媽又是這樣的不能理解、無法同理、諱疾忌醫，她該怎麼辦？

嘉佳說，精神疾病也是生病了，需要吃藥。就像手肘過度運用會發炎，要服用消炎藥，再配上生活習慣的改善，如此而已。但精神疾病卻被汙名化，如果沒有一個破口讓那個女孩得救，她不知該向誰求援，甚至女孩自己也伸不出求援的手。

嘉佳想不通，為何父母要如此？是顧自己的面子，怕別人看到自己失職嗎？其實心理疾病的原因很多，就算與父母有關，還是需要及早及徹底治療啊！這讓我想起我家的經驗，當年後母認為我們裝病，不讓我們就醫。有兩次，差點造成大妹淑慧失去性命（送急診及住院）。爸爸說，他自己受罪或被後母打傷都沒關係；但不能忍受不讓小孩看病。我以前常認為她不愛我們，因為是後母，以此來「合理化」（請原諒我當年的成見）。但親生父母卻不能好好照顧孩子，又是什麼理由？

誰活在脆弱家庭中？

脆弱家庭的背後，可能隱藏著貧窮、失業、未成年生子、犯罪、吸毒、酗酒等問題。若能及時對外求援，就可多一份支持力，重擔可以減輕。

衛福部將《兒童及少年高風險家庭通報及協助辦法》修正為《脆弱家庭之兒童及少年通報及協助與資訊蒐集處理利用辦法》（二〇二〇年一月二十一日修正），第二條：

所稱脆弱家庭之兒童及少年，指有下列各款情形之一，致兒童及少年有未獲適當照顧之虞者：

1. 對六歲以下兒童未依規定辦理出生登記。
2. 對六歲以下兒童逕遷戶籍至戶政事務所。
3. 對六歲以下兒童未依規定預防接種。
4. 對六歲以下兒童未依規定納入全民健康保險。
5. 國民小學（以下稱國小）新生未依規定入學。
6. 矯正機關收容人之十二歲以下子女。
7. 六歲以下兒童之父或母未滿二十歲。
8. 兒童及少年家庭遭遇經濟、教養、婚姻、醫療或其他不利處境。

脆弱家庭是多重因素所造成，因此要多方合作、多管齊下之「跨領域合作」，如《脆弱家庭之兒童及少年通報及協助與資訊蒐集處理利用辦法》第六條：

經直轄市、縣（市）主管機關依前條訪視評估兒童及少年有未獲適當照顧之虞者，應視個案需求結合社政、警政、教育、戶政、衛生、財政、金融管理、勞政、

移民或其他相關機關，提供整合性服務。前項服務之內容如下：

1. 社政：提供關懷訪視、經濟補助、托育補助、社會救助及其他生活輔導服務。
2. 警政：提供人身安全維護、觸法預防與失蹤及行方不明人口協尋。
3. 教育：提供就學權益維護與符合身心發展需求之輔導。
4. 戶政：提供個案及其二親等血親之親等關聯資料及戶籍資料查詢。
5. 衛生：提供就醫、預防接種、全民健康保險、藥癮、酒癮治療及心理衛生服務。
6. 財政：提供稅務諮詢服務。
7. 金融管理：提供金融機構對兒童及少年提供財產信託服務之督導。
8. 勞政：提供職業訓練及就業輔導。
9. 移民：提供停留、居留及定居權益維護之協助。
10. 其他相關機關：提供必要服務。

《兒童及少年福利與權益保障法》第四十九條規定，任何人對於兒童及少年有遺棄、身心虐待等行為，兒少相關工作者及任何知悉情況者，均可且均應通報。

回想當年，我的原生家庭應屬高風險家庭（「脆弱」加上「危機」），脆弱的部分是貧窮，危機的部分是後母的暴力與虐待。依爸爸的日記，後母的失控行為有下列類別：

亂發脾氣、天天吵架、鬧自殺

她（後母）在家時，一天二十四小時無時不在發脾氣。生氣時就喝酒、抽菸，有時半夜跑到山林裡、稻田裡、馬路上；甚至由高雄縣大寮鄉走路到屏東九曲堂，派出所員警規勸也不回家。

在家時無一天不吵架，由我下午下班回來吵起，吵到第二天我上班為止。這是常事，誰能受得了呢？

半夜三更「假上吊」、「假自殺」無數次，不防止於心不安，但防不勝防。常常全家人整夜不能睡，有時還要出外分頭找她，找到時天也亮了。

到派出所去已經是常事，警員都覺得不可理喻，不願再管。鄰居被鬧得天天不安，誰來勸一次，她就永遠不理人家，左鄰右舍全成了仇人。

一天抽菸兩三包，喝啤酒半打不醉。我朋友給我泡的補酒，她一天喝完，又吐又哭又吵又鬧，徹夜不安。兩三天必有一次發大脾氣，小脾氣則從不間斷。「無中生有」最可惡，「無事找碴」最難受。

我們天天不能說話、不能出門、不能做事、不能寫信、不買東西，在家讓她當出氣筒。結婚不到一年，只好求她離婚，順從她的條件，看得到的都可以拿走。離婚後又回來住幾天，走了再來，時好時壞。

沒有辦法之下，經同事勸說，我又與她結婚。江山易改本性難移，以前的毛病依舊，我們只有忍、忍、忍，但求一個平安。這次她再結婚是有目的，她認為我有錢，再離婚非十萬元不可。再者是她要治療甲狀腺亢進，需要開刀，病治好了再鬧離婚。

我只好採取任她來去不再管她以求平安，但是不可能。她還是老辦法，上吊自殺、打架用刀子、半夜磨刀、離家出走，光明正大帶男人三更半夜回來，我已忍無可忍，決心與她離婚，十萬元也可以，答應把家裡的東西都給她。最後談妥三萬元，家中任何她喜愛的都可拿走，才再次離婚。

不管家務、拿走家用、離家出走

家務事全部分給孩子們做，她管錢，給她買菜五百、一千元，一天就說用完了，害我外債永遠還不完。有時月初發薪水給她，會全部拿走，又不回家。

她自己的東西天天打包，像隨時準備出走。生氣一次打包一次，不安於室。男朋友很多，有時會帶到家裡。有一次還在我家裡打架，只能叫警察來處理。

她自己可以想走就走，說回來就回來。有時候早上回來，下午走。但是我和孩子們卻沒有行動自由。如果她回來看到我不在家，便與我吵鬧不完，由天黑到天亮。如果孩子們放學晚回來，先罵後打，使你不能讀書。

生氣時就破壞東西，摔家具、碗盤為常事，電視冰箱都是她的出氣筒。割斷電線三次，割斷機車線三次。

限制孩子自由（行動、言論及交友）、任意打罵小孩、不准小孩看病

在家裡也沒有言論自由，她會偷聽我與孩子們說話，所以孩子們有事只能寫條子給我，生病也不敢說。

孩子們病了，她說是裝病，不准看醫生。即使送到醫院，她也會對醫生說是孩子裝病，害得大妹因感冒而後轉為慢性氣管炎，好幾年都不好。一直到我與她第二次辦理離婚，才去住院治療。

孩子們買一支鉛筆和本子，跟她要錢好幾次也不給。之後總是一元、兩元的拿出來，不是交在孩子手上，而是丟在地上，孩子只能像乞丐一樣在地上找。孩子有什麼心愛的東西如古幣、郵票，都不敢放在家裡，會被她拿走。

孩子的書包口袋若被發現有錢或是其他東西，必定又是一頓毒打。她打孩子太狠毒，有次我不在家，她用熱稀飯潑在淑俐頭上，還用棍子打。把芳哥的耳朵扭出血，打了孩子還不准他們叫出聲。

有一次她把淑俐的新課本丟到水溝裡，還把書包藏在石頭下。我一氣之下與她大打起來，我坐車到法院去辦離婚，但是到法院門口她不讓我進去，未辦成。有一次她拿刀要殺我，新民大聲吼她，她就要殺新民，倆人繞著桌子追逐，淑慧淑芳趕緊打開大門讓新民跑出去，孩子跑到老師家住了七天不敢回來。

寫信也不自由，朋友來信她會藏起來。無中生有，故意吵架，所以我家裡無人來信。我與孩子們的朋友或同學都不敢來我家，她會把人家罵走。朋友誰敢結交，但她自己卻可以帶朋友來家裡。

這樣的「混亂」景象，是否讓你看得喘不過氣來；但我們就這樣過了六年。爸爸終於與後母離婚後，小妹淑芳仍不可置信、再三確認，才能放心地笑了開來。弟弟則形容打開我家的那道紅門，是天堂與地獄的分界，進入紅門就通往地獄。

當時我們只知道後母動了切除甲狀腺的手術，對她術後聲音變得粗啞印象深刻，但不了解甲狀腺疾病與她亂發脾氣有何關聯（或者還有其他心理疾病）。甲狀腺機能亢進是甲狀腺荷爾蒙過多，症狀有：心跳變快、心悸、手抖、怕熱、失眠、脾氣暴躁、呼吸有點喘、大便次數增加、腹瀉、體重減輕、食慾大增、容易疲倦、脖子較腫大、眼睛呈現有點驚訝狀或是眼睛突出等。如藥物無法控制即須開刀切除甲狀腺，但可能傷到喉返神經，造成聲音沙啞。現在想來，後母也很辛苦吧！

父母成長區

書籍：《107招教養孩子的神奇魔法》（伯尼．西格爾，二〇〇七）

伯尼（Bernie S. Siegel）醫師是位小兒外科醫師，擁有五個孩子、八個孫子。在康乃狄克郊區的家就像一座藝廊兼博物館、動物園，甚至是汽車修理廠。伯尼醫師還擔任絕症患者的醫療顧問，著有《愛・醫藥與奇蹟》一書，鼓勵大家成為創造自己命運的「特殊病人」。

伯尼醫師曾被自殘與受虐經驗的兒童選為「理想老爸」，這點他當之無愧。他將自己運用在眾多兒孫身上及建議給家長的教育方式，整理成一百零七招的神奇魔法。他發現許多小兒科病童的問題，都源自家庭生活。所以他希望父母可以用心養育孩子，父母花在孩子身上的每一分鐘都有重大的意義。父母能為孩子做的事情，就是心理上的支持、多花時間陪陪孩子。

本書的內容非常豐富，包括八大部分：

1. 一切源自家庭——家庭生活與價值觀。
2. 愛是主要原料。
3. 啟動幽默感。
4. 富創造力的父母。
5. 育兒三R——守則、規範及責任。
6. 崎嶇之路——人生路上的麻煩。
7. 教養的精髓。

8.父母也需要照顧。

伯尼醫師認為，父母要用愛、仁慈、自覺和同情心來養育兒女。讓孩子在愛中成長，身心都在對正面的撫觸、感受和情緒作出反應，這便是在幫助全人類打造一個更多愛的世界。如此一來，戰爭、暖化、汙染、饑荒，能夠想到的所有自我毀滅的行為終將消弭，愛就是拯救全人類的終極武器。

附錄

附件一：兒虐事件通報總數

年度	總數	責任通報數	一般通報數
2007	19,247	12,453	6,794
2008	21,443	12,866	8,577
2009	21,449	13,994	7,455
2010	30,791	22,213	8,578
2011	28,955	21,115	7,840

年度	總數	責任通報數	一般通報數
2012	35,823	29,996	5,827
2013	34,545	30,753	3,792
2014	49,881	40,220	9,661
2015	53,860	44,383	9,477
2016	54,597	44,889	9,708
2016與2007比較	增2.84倍	增3.6倍	增1.43倍

資料來源：衛生福利部統計處

附件二：兒童少年保護——通報處理情形

年度	一般通報						
	小計	父或母	親友	案主主動求助	鄰居及社會人士／占總數比例		其他
2007	6,794	2,017	1,336	746	2,094	30.8	601
2008	8,577	2,548	1,540	1,201	2,607	30.4	681
2009	7,455	2,197	1,198	1,030	2,170	29.1	860
2010	8,578	2,761	1,482	1,331	2,561	29.9	443
2011	7,840	3,004	1,316	1,087	2,008	25.6	425
2012	5,827	2,302	1,118	860	1,293	22.2	254

年度	2013	2014	2015	2016	2016與2007比較
一般通報					
小計	3,792	9,661	9,477	9,708	增 1.43 倍
父或母	1,687	2,504	2,198	2,193	增 1.09 倍
親友	597	1,275	1,180	1,137	減 0.85 倍
案主主動求助	512	2,480	2,660	3,171	增 4.25 倍
鄰居及社會人士	866	2,162	2,025	1,935	減 0.92 倍
占總數比例	22.8	22.4	21.4	21.3	
其他	130	1,240	1,414	1,272	增 2.12 倍

資料來源：衛生福利部統計處

11

母職與父職的平衡

1
單親的壓力好大，我好累，該怎麼辦？
2
我有自殺的衝動，但為了孩子我要活下去！
他就站在頂樓上，望著遠方
3
十多年後
爸爸，謝謝你的堅強，否則我就要輟學養大弟妹了
4
謝謝你用盡心力，讓我們過得更好
爸爸看這邊
恭喜姊姊畢業！

「相愛容易，相處難」，夫妻間有哪些「落差」會影響子女教養？最明顯的是「性別刻板印象」，也就是傳統「母職」與「父職」的觀念。一般認為「男主外，女主內」，即使雙薪家庭，丈夫仍可較重視事業而將家庭責任交給太太。若妻子覺得丈夫過於忽略父職，該怎麼勸說？反之，若丈夫覺得妻子過於看重事業而輕忽家庭，又該怎麼協調？當我們發現另一半容易對兒女大小聲、起衝突，該怎麼溝通？若另一半與兒女相處的時間太少，要如何增進親子關係？

父職或母職的觀念，涉及雙方的成長環境，也就是原生家庭的示範與影響。當夫妻教養態度不一致或兒女出問題，是「面對面溝通」或「隱忍不說」？結果是「協調合作」或「有理說不清」？

東方家庭的教養問題還與上一代有關，尤其是三代同堂或由祖父母（外祖父母）擔任保母時。妻子若與公婆教養態度不一致，丈夫該怎麼處理？另一方面，若丈夫與岳父母教養觀念不合，妻子該怎麼介入？

生活與工作的平衡

東方女性的重擔不只在婚後的家庭，還包括要打點婆家事務，但同時又覺得愧對娘家。加上傳統上男性較不關心妻子的娘家事務，使女性的壓力更大。

從前的婚姻關係，丈夫不用做家事也不幫忙帶小孩。有些家庭主婦每月領取家用金（用來買菜及日用品），先生彷彿成了發薪的老闆，不但看不起妻子，還當成員工來衡量其價值。有些女性幫忙夫家的事業，不但免費還得內外兼顧；又被限制行動自由，喪失基本人權。

傳統的性別觀認為，養兒育女是女性的優先任務，就算職業婦女也不應追求事業的成就。因此，女性如何平衡家庭和工作，成為一大苦惱。要不要請假帶孩子或公婆去看病？要不要加班、進修？要不要追求工作績效或目標？女性時刻煩惱著如何應付「性別角色期待」。

要促進工作環境的性別平等，除了政策上推動女性懷孕後可以在家遠距離工作、復職支持、提供短時間工作勤務外，也要積極鼓勵企業任用女性擔任要職，改變女性只能養兒育女的價值觀。

芬蘭的高生育率與性別平等，與良好的家庭政策有關。國家提供父母充足的資源及心理支持，使其順利生產和撫養孩子。同時加強父親的角色，確保充足的家庭收入及幼兒照護。

瑞典兼有女性高就業率及歐洲最高的出生率，因為爸爸願意請假照顧小孩。瑞典政府為男人提供免費的「父親課程」，讓男人在心理和技能上都能真正成為「育兒者」。生育一個孩子能享有超過一年的帶薪親職假，可領高達收入八成的福利津貼。父母任一方都可在孩子八歲之前，選擇休全職 (full time)、半職 (half time) 或是四分之一 (quarter time) 的親職假。

現代社會注重「性別平等」，但職位越高的女性越難兼顧家庭。女性不敢比丈夫成功，情願犧牲自己讓丈夫拚事業無後顧之憂。女性最難抗拒的是小孩，離職理由總是「孩子還小，需要媽媽」。雖然女性對於工作全力投入能獲得精彩的成績，但一想到家庭與兒女，仍然覺得對不起孩子（有罪惡感）。

妻子和丈夫都全職工作時，妻子處理家務及照顧孩子的時間仍多餘丈夫。需要有人照顧家庭時，女性更容易優先放棄工作。如何將養育兒女的工作交給先生，使其成為「家庭主夫」呢？

慶幸的是，現代女性的觀念及自信都增強了，懂得爭取工作與生活的平衡，邀男性一起分擔家務、照顧兒女。這部分也需要男性的進步及自信，有些女性結婚生子後仍能在職場衝刺，就是因為配偶支持且欣賞妻子在專業上的成就。男性不僅能給予妻子精神上的鼓勵，也能多留時間照顧小孩，這正是現代社會「平衡工作與家庭」努力的方向。

對兒女遷怒及宣洩情緒的後果

如果處理不好上述工作與家庭失衡的問題，父母就可能把負面情緒遷怒到孩子身上。每次想到「堅強」的父親，我總感到無盡的慚愧。因為當年我對待長子鈞豪的方式，就是因為處理不好自己的不平衡，轉而將情緒宣洩到他身上。鈞豪成年後，我開始寫信向他道歉，每週一封（不須回信）。第四十封信上，我寫著：

我將自己的壓力轉嫁、遷怒於你，是因為當時我要做的事情太多啦！如博士班課業、與公婆的相處（三代同堂、教養衝突、婆媳問題）、照顧比你小近十歲的妹妹、教授升等論文、你的外公生病、你的爺爺生病……，而你爸爸又不在家（職業軍人）。

其實我是依賴你的，但忘了你也還是個孩子。我給你太重的負荷，卻沒有好好感謝你及讚賞你。

我將自己的負面情緒轉嫁給鈞豪，經常責罵他，語氣、措詞、表情均不佳；以致我們母子關係疏離，他害怕接近我（他說，怕看到我失望的表情，怕聽我又說一遍重複的話）。我沒給他足夠的溫暖與鼓勵，卻經常冤枉與斥責，使他逐漸喪失自信及鬥志。

正向面對及度過情緒關卡

也許你也有相同的愧疚，因為過不了自己的情緒關卡，對孩子任意發怒，說了不該說的話，做了不該做的事。哪些狀況會造成父母的情緒關卡呢？如：

1. 工作：太忙、太累、不順遂、失業、業績壓力、人際困擾等。
2. 身體：睡眠不足、運動不夠、生病、慢性疾病纏身等。

3. 夫妻情感：經常爭吵、面臨婚姻危機（外遇）、離婚等。
4. 經濟：負債、收入不足、生活貧困、交不出孩子的學費等。
5. 人際關係：婆媳、妯娌、娘家的紛爭。

父母要怎麼面對及度過自己的情緒關卡呢？

1. 面對問題、找出正確的解決方法：例如失業則應尋求資源，如失業補助、中低收入補助、職業訓練、降低標準先找個工作（騎驢找馬）等。一味的借貸、不肯屈就或不想工作，都不是正確做法。
2. 適時紓解壓力、莫累積負面情緒：要察覺到自己的情緒變化，尤其是負面情緒。壓力產生時要盡早抒解，包括休息、聽音樂、運動、飲食、睡眠的改善等。平時要有多重的抒壓管道，以免負面情緒坐大。
3. 適度讓子女了解現況、全家共同努力：就好像醫師要讓病人知道疾病的現況，告訴病人除了信賴醫師之外，自己還可以做哪些努力，才能讓病人保持希望。可適度讓子女知道家庭的困境，讓子女一起努力，協助父母度過難關、邁向幸福。
4. 自我激勵、不只為自己而活：父母的情緒良窳會影響孩子的前途，為了孩子不能那麼任性，要好好調節自己的情緒。為人父母後，不能自私自利，情緒調節上必須快速成長。

5. **珍惜擁有的幸福、活在當下**：人們容易為了「得不到」或「已失去」而苦，卻不珍惜眼前擁有的幸福（往往視為理所當然）。其實正確的態度是接受「得不到」或「已失去」的事實，學習「釋然」與順其自然；同時看到「眼前擁有的幸福」，並好好珍惜它。我的爸爸就經常說，看到我們四個孩子的成長與成就，就是他最大的幸福。所以我們子女也很努力，想帶給爸爸幸福。如動力火車所唱的歌《我給你幸福》：

寧願像個神燈，你的夢都想去完成。
你是我的美好我的責任，真愛讓人無所不能。

也要以蕭煌奇唱的《只能勇敢》，與所有父母共勉：

我只能勇敢學習釋然，把離別的苦思念的酸都看淡。
人總要習慣，生命就是一站一站不斷在轉換。

當父母出現生活失控的感覺時，孩子容易變成父母拿回控制感的重要來源。父母在工作中累積的挫折與無力感，回家後轉為對孩子大聲嚇阻，以得到一絲絲的舒緩。因為無法改變對於配偶的不滿，注意力轉為對孩子的監控，試圖改變兒女。當自己職場不如意、目標無法達成或與同儕競爭失敗時，就會要求孩子「不要輸在起跑點上」，這些都是錯誤的教養方式。

為了兒女，不能被擊倒

當年我的父親面臨妻子離家出走、自己健康欠佳、四個幼兒嗷嗷待哺、失業又借貸無門等諸事不順，要處理已發生的困境就手忙腳亂，還要應付不斷出現的新難關，他的心情一定非常沮喪、悲傷、焦急、怨恨，如何能不被擊倒？

當年父親若陷入負面情緒的深淵，進而遷怒或宣洩情緒在我們身上，可能會自暴自棄、一蹶不振，甚至帶我們同歸於盡。那麼，四個幼小的生命就不可能有「美麗人生」了。

父母要如何振作起來？以身體來說，累了就該休息、渴了就該喝水，滿足這些身心需求才能恢復元氣。心情不佳也是如此，要先了解及照顧自己的心情，才有餘裕幫助子女。「先處理心情，再處理事情」，這部分需要相當的心理成熟度與冷靜沉著。我的爸爸三十四歲才結婚（媽媽十七歲），媽媽因為外遇而離家出走時，爸爸已四十五歲。加上爸爸的教育背景（陸軍官校畢業）、成長環境（十萬青年十萬軍的年代），才使他更為成熟堅韌吧！

在我臺師大畢業典禮前夕，第一五七封家書中，爸爸說：

這封信是爸爸在你大學畢業前夕的感言，唉！回憶往事百感交集，爸爸因一事錯誤，半生戎馬功績毀於一旦，幸福美滿的家庭因你媽媽的離去而破碎。那時你七歲、弟弟五歲、大妹三歲、芳哥一歲，我們父子女五人相依為命。

為了生活我去打零工，你們姐弟採野菜、撿破爛共維生活。有時急需不便，我們典當衣物，並常向對面及隔壁兩位陳老師借貸。我們規定每日五元生活費，早餐稀飯，五毛白糖、五毛花生。中午二元，豆腐、豆芽、白菜、酸菜各五毛。晚上一把麵條，一元黃豆芽和韭菜。借到五十元，可以生活十天不發愁。

為了柴米油鹽菜，我父女二人每日精打細算，我們沒有親友的幫助，但也從不低頭向別人求救。我們窮的清白、過的快樂，我們自力更生，為生活而奮鬥。我每天踏著破舊的單車，到後山一家私人水泥廠做水泥瓦及花磚。有時需爬上屋頂替人家蓋瓦或挑運磚塊，頭昏眼花、兩腿打抖，要鼓足勇氣爬上爬下，這是我有生以來最難忘的艱苦工作。

為了多賺一點錢，我到高雄碼頭洗船和擦油漆。一條外國的大郵輪或貨輪停在高雄港外海，我們一群勞工被船公司用小木筏送到大船上，一天二十四小時不停地工作，三、五天工作完了才被接回岸上。爸爸的胃病時好時壞，在船上不停的吐，仍要不停的工作。

為了孩子為了家，我要幹下去，我們靠天生下來，靠天活下去。衣服破了自己補，跌倒自己爬起來。當你們生病了，我沒錢請醫生，我教你們多喝開水、多運動。當你們躺在床上由哭而到疲倦再到入睡，我坐在你們身邊看著你們四張小臉蛋，我哭了。

有時候我想去死，但為了你們四個孩子我不能。我要把你們養大。但是沒有你的幫助，我們不會有今天。你就讀忠義國小時，要上學還要照顧弟妹。老師特准你帶弟妹進教室旁聽，你給他們一毛兩毛叫他們去買糖果，他們會心滿意足地跑開，但總離不開姐姐太遠，一天二十四小時圍繞在你身邊。

你幼小代替母職，他們似乎有了安全感。上學時帶他們去，放學時帶他們回來。到市場去買菜，用你的小手抱著回來。一個雞蛋、五毛花生，你會把花生一粒粒排在一顆煎蛋的四周，色香味俱全。燒材煮飯，濃煙燻得你直流眼淚，又要抽空擦地板、洗衣服，對功課更是不肯放鬆，成績總是名列前茅。這段日子我們生活雖苦，但我們父子女五人在一起非常快樂。

記得有一次，你們四個孩子在一張大紙畫上圖畫及文字，為我祝賀生日。四個人排成一行，手執那張紙，高唱生日歌，歡迎爸爸下工回來過生日，我內心感動得流淚，至今難忘。當你國小畢業進入國中，弟妹也相繼入學忠義國小。爸爸為了使你安心讀書，有人料理家務、照顧你們而再婚。

我們誠心誠意對待她，祈求重建一個幸福家庭。我錯了，她是一個情緒變化無常的女人，使我們全家雞犬不寧。整日生活在恐怖、猜疑、打鬥、吵鬧中，爸爸為了你們不再受虐待，為了你們的將來，只好忍受犧牲金錢，辦妥離婚手續，使我們的家再次恢復平靜。你們四個孩子也深知爸爸的苦心，都能力求上進。

有幾個爸爸能在兒女大學畢業時寫「感言」？由此可見，要拉拔兒女讀完大學，單親父母要付出多少心血、嚐過多少眼淚啊！如青峰的歌《十年一刻》：

可能忙了又忙，可能傷了又傷，可能無數眼淚在夜晚嚐了又嚐。
可是換來成長，可是換來希望，如今我站在臺上這麼對你講。

父親在日記上，也字字血淚地寫著：

一九四八年十一月來臺，在軍中二十年，從一九四六年到一九六五年。在這個世上應該是多餘的我，本該以死謝罪。但上天賜給我四個聰明又孝順的孩子，我有養育孩子的責任，還不能去死。

我應該以生命來換取孩子們的成長，我所有的一切精神與物質，全部投資在他們四姐弟妹身上。我要他們受良好的高深教育，我督促他們修養品德、鍛鍊身體，能成為堂堂正正、規規矩矩、清清白白的人，他們個個向上、人人孝順。

一九五七年底結婚，婚後住在岳母家，自己在空地建了一間小屋，後來部隊調到澎湖，在澎湖兩年多。妻子在家克勤克儉做小工，標準客家人吃苦精神，每日一信。長女出生正好遇到颱風，過了三天才回來。新民出生的時候我在臺中，也不能回家。淑慧出生我因為工作太忙，把太太送到醫院就去上班，孩子出生時也不在她身邊。淑芳出生時，我因案入獄，更不能在她身邊。現在檢討起來這全是我身不由己而招來的錯。

一九六五年出事入獄，判刑一年半，一九六七年出獄。出獄後退休金都沒了，又找不到工作。一九六六年妻子離家出走，與鄰居生了孩子，一九七一年離婚。

感謝我的父親，不管再苦再累，為了養大我們，他用盡心力，堅持「咬緊牙關撐下去。如梁靜茹唱的《愛久見人心》：「用盡了全力，只為在一起，我愛不愛你，愛久見人心。」

即使我滿十八歲、離家上大學後，爸爸對我仍未卸下「父職」，第四封家書他說：

讀書求知與做人交友二者要並重，要有志同道合的同伴，才有助力，才有發展，才有幸福，其中道理一言難盡。

當我抱怨擔任班上最繁瑣的總務工作，以及同學不理睬我時，第五封家書上，他說：

我為你高興的是，同學們推選你保管經費，是對你的人格及信用投票。有機會為同學們服務，是一項榮譽，也可以藉此機會認識更多的朋友，應該高興才對。

關於有部分同學不理你，不要放在心上。因為相處日短，大家互不了解。你只要能做到時常笑臉迎人，和藹，謙虛，誠懇，幫助人，同情人，盡量去發現對方的優點，讚美他，學習他，幫助他，友誼自然會向你招手。千萬記住不可以孤芳自賞、自命不凡、驕傲自大，那你將陷入孤立無援，精神受到封鎖。

當年的親子溝通只能靠書信聯繫，我大學畢業那年的年底，家裡才裝了電話。所以爸爸要我在回信中鉅細靡遺地說明我的身體、生活、課程、心情。第十封家書，他告訴我，書信溝通之所以重要的理由：

寫信並不是一件簡單的事，信是人與人之間情感交流的工具。首先字體要清秀端正，文辭流暢，意義中肯，感情摯誠，關懷與同情，利人而不自私。給受信者帶來的是安慰與希望、信心及滿足。倘若言不由衷、不知所云，反生不利。

大學入學不久，我寫信跟爸爸說，自己天生不喜歡玩笑的東西，所以拒絕所有校內外的聯誼活動。校內電影不去看，許多迎新活動也不參加，覺得是因為從小把自己的性格弄壞了。爸爸對我的性格應該也很操心吧！所以家書上，他說：

我有一位走江湖靠算命為生的朋友，我曾問他算命是否可靠，他的答案是，命運掌握在你我自己的手裡，為聖為賢、是成是敗、或福或禍，全在你意之初動之時，一念之間種瓜得瓜、種豆得豆，栽什麼花結什麼果。全信命不如吾無命，算命是一種流行感、順口溜的術法，真真假假似假似真，所謂「智者不惑，仁者不憂，勇者不懼」，可知命運操之在我，算又何益？

女兒，我的一生是在失敗中奮鬥，婚姻事業健康，都不是我心所願的模式。檢討結果，全係自己當時一念之差所造成，要靠自己去改造，怨天尤人、相信命運會更慘。

我讀大學後，爸爸一個人照顧弟妹三人，身體及精神都很吃力，但他仍正向思考與面對現實。家書上他說：

這幾天我們家的人輪流生病，經過馬上看病追蹤治療，也都安然無恙。但是老爸爸的精神負擔實則是一言難盡。

父兼母職，獨角戲難演。自己與自己的商量，苦樂自享。好則你們四姐弟妹聰明勤奮孝順，老爸爸在希望與等候與自勉中生活，苦中樂，樂中苦，已習慣了。

父親從不偏心，不但不比較兒女的成就或孝心（包括我們賺錢後寄給他的孝親費），還特別強調手足間互助的重要。爸爸常將弟妹的情形告訴我、要弟妹寫信給我，也要我寫信給弟妹。但特別叮嚀不要責罵弟妹，一定要多鼓勵。

父親總誠實地將家中的經濟困境告訴兒女，讓我們自立自強之外，也要盡己之力互相幫助。在我大學畢業開始當老師後，每個月寄八千到一萬元回家（當時薪水為一萬二千元），因為爸爸被人倒會，以及淑慧重考需要補習費。

我有位虔心學佛的好友，對於親子關係他說：

家人是今生的有緣人，要珍惜。未來會用什麼方式再結緣，完全看您今生如何造善或惡了！感恩美好的相遇。

他也十分感慨現今父母最大的問題是「過於保護」，他說：

當父母不斷寵愛小孩，要什麼給什麼，等到給不了的時候，要用什麼填補呢？這時是後悔莫及，甚而造就更多惡業，以致貪瞋癡三毒全來了，這就是最大悲劇啊！

父母成長區

電影：《希望：為愛重生》（韓國，二〇一三）

電影取材自趙斗淳事件，二〇〇八年十二月在京畿道，國小一年級的素媛上學途中遭到五十六歲的趙斗淳誘拐至教會廁所，強逼她為自己口交，並用拳頭重擊她的臉，咬了她的臉、勒住她的脖子。性侵致使大、小腸流出，喪失性器與肛門功能，得做人工肛門且終生掛著尿袋。兇手最後被判刑十二年。

素媛的家裡經營著以她的名字命名的雜貨店，母親日夜不停忙碌，父親則在工廠做著繁重的工作。素媛遭遇性侵後，媒體的大肆渲染使素媛一家彷彿成了恥辱之人，被四

周投以詫異好奇的目光。媽媽幾近崩潰，爸爸則盡全力保護女兒，但身心重創的女兒因為恐懼男性而拒絕爸爸靠近。爸爸想盡辦法，最後想到的是穿上卡通人物裝，扮演成女兒最喜歡的卡通人物可可夢，在每個夜裡來到病房陪伴她。

素媛恢復上學後，爸爸繼續穿著可可夢的酷熱玩偶裝一路隨行，讓素媛不再恐懼。片中，其實素媛早就發現可可夢是爸爸了，也因為爸爸這麼做帶給素媛小小心靈很大的溫暖與安全感。本片獲得二〇一三年韓國電影青龍獎等多項獎項的最佳影片。

書籍：《為愛重生：找尋希望的翅膀》（蘇在沅著，二〇一九）

此書改編自震驚南韓之重大案件「趙斗淳案」，此事件讓韓國國會在二〇一〇年將十五年的有期徒刑上限延長至三十年，廢止兒童、青少年為犯罪對象的性犯罪的公訴時效，延長電子腳鐐的配戴時間最高可達三十年。

作者著重在描寫遭到性暴力的女童智允，一家人如何相互支持、共度難關的心路歷程。智允上學途中慘遭性暴力而重傷，除了母親以外，智允拒絕見任何人，對於男性尤其恐懼，也不願意見親愛的爸爸。書中輪流切換父親與母親的視角，描寫其內心的折磨煎熬，和兩人面對同一事件的不同態度。母親與現實奮鬥，父親則否定曾發生的一切。

後來，智允的父親因承受不了壓力而引發選擇性記憶障礙，智力退化到與智允同年（八歲）。父親雖然忘記許多事，但對妻女的愛依然根植心中。於是他扮成智允最喜歡的卡通人物可可夢，以屬於孩子的童稚口吻與女兒通信，一步步拉近父女的距離。

智允想復學卻被多所學校拒絕，智允的父母也被視為連孩子都照顧不好的無能父母，家長認為智允是精神和身體皆有殘疾的不正常孩子。智允的父親吶喊：「我們做錯什麼了嗎？」家長竟答：「你們遇到那種事就是錯了！」

智允的父母選擇將孩子交給首爾的向日葵兒童中心，他們覺得只有這個地方才真心關心孩子。但向日葵兒童中心屬於保健福利部與女性家族部管轄，只有首爾才有，他們居住的地方離首爾有段不短的路程。為了孩子，父母不辭辛勞，但孩子呢？前往首爾的路上需要耗費體力與精神，對於一天需要上數十次廁所的孩子來說很不容易。長時間的移動，也可能暈車。所以為了孩子而設立的機關，是否應該在市區呢？

而性暴力指定醫院更不足，首爾只有一處，更不用說京畿道跟其他地區了。被害人有餘力去遙遠的地方進行治療嗎？父親參與蘇在沅這本書寫作的理由只有一個，就是希望為有同樣痛苦經驗的人發聲，給予他們希望。最重要的是不再有其他人像智允一樣，承受這樣的痛苦。希望政府的政策能夠更周全，並對這些性暴力犯處以更嚴厲的刑罰，讓他們永久隔離於這個社會。

他也呼籲有同樣痛苦經驗的家庭，雖然身為孩子的父母肯定想抹去這段記憶，更想刪掉孩子的記憶，但這是不可能的，只有一個方法：「不能忘記的記憶，就要戰勝它！」

最後他想說，請不要袖手旁觀，要體認到這是任何人都可能遇到的事情。請不要對被害者露出嫌棄的表情，請給被害者一個溫暖的眼神。只要社會大眾持續不斷的關心，就會讓性侵加害者如同上了一道枷鎖。

12

整個社會一起支撐親職教育

1
我不怕窮，但我怕沒辦法升學，
不能成為專業人士
舞蹈學院的學費好貴
2
請給我一個機會好好讀書
好好生活
怎麼辦？
如果增加打工時間
就無法練舞了
3
現在你幫助我，未來我會幫助
和我一樣的人
4
每個人一點力量，就可以滴水穿石
網路募資有好多人幫忙呢！
太好了！

二〇一四年十一月二十八日教育部發布《十二年國民基本教育課程綱要總綱》（自一〇八學年度實施），其中規定高中職以下的課程，應融入「家庭教育」這個重要「議題」（除家庭教育外，還有性別平等、人權、環境等共十九個議題）。各領域／科目課程綱要均要將「家庭教育」適切轉化與統整，使國小、國中、高中職各階段學生能學習建立與經營幸福家庭，達成人人擁有溫暖、關懷、安全、相聚、包容、接納的家庭之目標。

在之前《國民中小學九年一貫課程綱要總綱》（二〇〇四年實施），與家庭教育相關的議題是「家政」（其他六項為：性別平等、環境、資訊、人權、生涯發展、海洋）。可見我們的教育政策，一直很重視家庭與親職的部分。

需要被幫助的家庭

不是所有家庭都可以單靠父母的力量把孩子教養成功，有時需要政府部門、各級學校、非營利組織等共同支撐。哪些家庭需要被幫助？

貧窮的家庭

臺灣有不少貧窮的孩子，依衛生福利部統計，二〇一八年底，低收入及中低收入戶人數分別為31.2及33.8萬人，合計65萬人，占全國總人口比率2.63%。貧窮家庭缺少時間與資源，除了親子關係疏離，還有「貧賤夫妻百事哀」。在各種匱乏與壓力之下，家人之間容易互相指責，甚至演變為夫妻及親子的「家庭暴力」（肢體、言語、精神）。

家扶基金會曾發布《台灣貧窮兒少資料庫——生活趨勢調查報告》，貧困兒少五成六在家沒人可以教導功課，五成四暑假沒有參加任何學習課程，五成沒機會補習或參加課業輔導。高達七成八認為補習對自己的學習有幫助，因為在課業上碰到困境時需要額外的加強學習才能與一般孩子競爭。成長過程中，我與弟弟妹妹也有相同的感慨。

調查報告指出，大多數貧困家庭的家長，依然重視子女教育。八成三家長主動關心孩子的考試成績，期盼子女在課業上有好表現；五成六家長期待子女有大專以上學歷，但七成三家庭負擔不起孩子課後輔導或補習費用。處於社會剝奪狀態下的孩子，超過半數表示在英文、數學兩科的學習有困難，但因家人忙於工作或教育程度不高，課業問題常常累積，導致近半數貧困兒少在班上成績排名屬中後段，三成三的兒少常不及格。

班上其他同學下課後趕補習，貧困兒少卻要回家幫忙家務。他們只希望趕快完成學業，學得一技之長。家扶基金會調查二〇一一年受扶助的高中職學生，只有二成六就讀普通高中，七成四選擇技職路線（能提早就業，幫助家庭生計；也因學業低成就，很難考取公立學校）。

六成五貧困兒少希望完成大學教育，但僅三成五順利讀大學。經濟弱勢家庭的國中畢業生只有八成選擇升學。對於「未來就業的期待與看法」，雖有三成七的貧困兒少希望是教師、工程師、醫師等專業人士，實際上約三成一從事餐飲店店員、服務生、店面銷售人員（無專業性的職業容易落入「貧窮循環」），僅一成四成為技術員或助理專業人員。

單親及弱勢家庭

兒童福利聯盟「二〇一四年弱勢家庭生活現況調查報告」指出，弱勢以單親家庭(44.5%)最多，每家平均有五個人，但工作人口只有一點三人。一半以上每月工作收入低於最低基本工資，六成三弱勢家庭入不敷出，七成五必須借錢養活小孩。近八成四家長沒辦法給孩子更好的生活而內疚，家長心疼孩子「抬不起頭」或被迫「提早長大」。

勞動階級作家、貧困的單親媽媽史戴芬妮．蘭德(Stephanie Land)將自己的故事出版《一個單親女傭的求生之路》，在前言中說：

幸運的話，你永遠都不必活在史戴芬妮的世界。那個世界為缺乏資源所困，錢永遠不夠，有時連食物都不夠吃；餐餐是花生醬和泡麵，麥當勞是大餐。

在她的世界裡，什麼事都不可靠，破舊的車子隨時可能拋錨，曾說要照顧你的男人隨時可能翻臉，住的地方更是求之不得(得靠政府安排及補貼租金)。食物券是史戴芬妮活下去的重要助力，但美國要求必須工作才能領食物券，使眼前沒有工作的人活不下去。對於工人、單親家長來說，這不應該是施捨，他們一樣希望能在社會上有穩固的立足之處。

史戴芬妮的世界似乎朝著無底深淵走去，首先她一天要打掃六到八小時，抬起重物、吸地、刷刷洗洗損害了身體健康。每天得吞下令人擔憂的大量止痛藥，因為她沒錢看病及吃處方藥，沒錢按摩，無法接受物理治療。

除了生活型態帶來的身體疲憊，史戴芬妮也面臨情緒挑戰。遇到困難時，她想辦法前進，但有時關卡實在多到讓人應付不來。因為她對還在托兒階段的女兒米亞懷有無盡的愛，因此才能一路撐下去。

身為單親家長代表你是唯一照顧孩子的人，根本無法喘口氣，也沒人與你分工合作幫孩子洗澡、送孩子上床睡覺。照顧孩子日常生活，對史戴芬妮來說是最微不足道的問題。因為大量的責任幾乎壓垮她，她要做所有的家事（倒垃圾、買菜、煮飯、打掃、換馬桶衛生紙、鋪床單、撢灰塵），要檢查車子的油，帶米亞去看醫生。史戴芬妮說：

　　我擔心個沒完，壓力讓我的胃不舒服。我擔心這個月的薪水不足以支付帳單，我擔心四月後才會到來的聖誕節，我擔心米亞的咳嗽會轉成鼻竇炎，我擔心傑米（前夫）會變本加厲，擔心他為了整我，會反悔不去日托中心接米亞，我擔心我得重新安排工作時間或根本不能上工。

單親父母很容易淪為貧窮，因為他們日夜操勞，壓力與疲憊一直在掏空他們，史戴芬妮知道隨時都可能吹來一陣風把自己吹擊倒。單親父母看似堅強，其實「不堪一擊」，深怕最後那一根壓垮駱駝的稻草。

若是有了感情創傷（外遇、家暴等）而成為單親父母，除了處理自己的痛苦外，還要注意在父母衝突過程中，孩子受到了哪些創傷。透過與孩子「深度交流」（父母為何分開、離婚不是孩子的錯），讓孩子適時紓壓（了解孩子擔心什麼）。這件事不僅依靠父母去做，親友、老師、社福機構、心理諮商單位、非營利組織等都可共同出錢出力。

特別要提醒的是，不要將對前夫、前妻或孩子父母（未婚生子）的怨恨影響到孩子，甚至強迫孩子「選邊站」。大人的恩怨即使難解決，也要保持對孩子該有的「人際界線」。尊重孩子對父母的感情，安排與鼓勵孩子與不同住的父母接觸，使孩子仍享有親情（不需要偷偷思念與見面）。

我爸爸常找我們的生母幫忙，不像許多離婚夫妻「老死不相往來」。我爸爸也鼓勵孩子與不同住的父母接觸，讓我們相信「母親對兒女的愛是不變的」。不論我們有成就（大學及研究所畢業）或出問題（健康、學業、行為），爸爸都會告訴媽媽，必要時尋求她的協助（照顧生病的孩子、金錢資助）。我在臺師大的大學及博士班畢業典禮以及我的婚禮，都有邀請媽媽參加。

單親父母最好能把家庭狀況告訴老師，尋求「助力」一起關懷孩子。也許因現代社會離婚率高，班上總有三、五個學生為單親家庭。老師除了要預防外界給單親兒「貼標籤」外，更要有一套「輔導計畫」。只靠單親父母努力並不夠，老師也要關懷與支援。即使有些父母認為「家醜不可外揚」，拒絕別人伸出援手，老師及學校輔導單位也不能放棄他們。

有身心障礙家人的家庭

為何家人中（尤其是主要照顧者）有人自殺或罹患精神疾病（尤其是未進行醫療），屬於高風險家庭？因為父母若罹患精神疾病而不好好治療，對孩子的身心發展影響甚大。不僅無法善盡親職，也會破壞夫妻關係、親子關係。孩子從小活在父母異常情緒與行為的環境下，常無法判斷是否因自己的言行舉止激怒了父母。久之，除了擔心自己的情緒與行為是否妥適，而心情緊繃、影響人際關係外，也有「遺傳因素」的隱憂，覺得自己也會罹患與父母相同的精神疾病。這類影響的潛伏期有時很久，使孩子不由自主的「複製」精神疾病父母的情緒與行為，直至多年後才爆發。

若孩子罹患了憂鬱症等情感性心理疾病，治療的一個重要面向是要教育父母關於疾病及治療的知識。父母知道得越多，孩子治療成功的機會越高。關於這部分，要家庭、學校及社會教育三方面共同努力。早期治療輕到中度的憂鬱症，可以預防重度憂鬱症及其他相關的疾患。也可幫助因家族史而有較高發病危險性的兒少，減少初次憂鬱症的發作。

有時單親父母會因婚姻或感情創傷（包含未婚生子），以及單親後獨自照顧孩子的壓力而罹患了精神疾病。另外，單親家庭的孩子也許因無法清楚表達自己的感受，或不喜歡別人施捨、憐憫，在有困難或情緒不佳時不會主動找老師「解惑」。表裡不一、強顏歡笑地過日子，久之即可能變成「微笑憂鬱症」（又稱「陽光抑鬱症」）。只向人展示自己陽光的一面（表面上笑臉迎人），內心的鬱悶、委屈、憤怒等真正情緒都隱藏起來。情緒長時間無法真實表達會形成巨大的壓力，有時自己及身邊的人也無法覺察，直到突然發作。

共同守護需要幫助的孩子

衛生福利部社會及家庭署《推動弱勢家庭兒童及少年社區照顧服務計畫》（二〇一四年二月發布），針對隔代、單親、身心障礙者、原住民、外籍配偶、受刑人、經濟弱勢等，經社工員評估家庭支持薄弱、有教養困難或照顧壓力時，提供支持性、補充性及學習性服務措施，使兒童少年獲得妥善照顧。

依內政部《弱勢家庭兒童及少年緊急生活扶助計畫》（二〇一六年七月發布），「弱勢家庭」是指：

1. 父母一方或監護人失業、經判刑確定入獄、罹患重大傷病、精神疾病或藥酒癮戒治，致生活陷困境。
2. 父母離婚或一方死亡、失蹤，他方無力維持家庭生活。
3. 父母一方因不堪家庭暴力或有其他因素出走，致生活陷於困境。
4. 父母雙亡或兒童及少年遭遺棄，其親屬願代為撫養，而無經濟能力。

5. 未滿十八歲未婚懷孕或有未滿十八歲之非婚生子女，經評估有經濟困難。

6. 其他經評估確有生活困難，需予經濟扶助。

偏鄉地區的家庭多半缺乏良好經濟與親職教育的基礎，隔代及單親教養比率較高，對孩子的學習輔導與參與度較低。有些家庭因無法照顧孩子，只好讓他住在學校宿舍或輪流到親戚家寄住。孩子常因學科考試一再挫敗，認定自己什麼都不行。

臺灣的國民中小學目前共3,393所，屬於偏鄉類就有1,169所，達三分之一。偏鄉學校又依交通狀況分成三類，其中偏鄉學校811所、特偏學校211所、極偏學校147所。偏鄉孩子的家庭經濟較不餘裕，家長忙於生計，偏向把孩子交給老師「全權處理」。不少原住民父母把孩子留在部落而出外打工，希望給孩子一個較好的未來，不料遭遇車禍或工傷而使情況更糟。

還有一種因為家庭發生變故或經濟困難的中輟學生也需要幫助，教育部在基隆、臺北、桃園、苗栗、嘉義、臺南、高雄及花蓮等八個縣市共十所學校設立「慈輝班」，屬跨縣市就讀性質，提供住宿及生活輔導等多元彈性課程。

部分家庭失去功能的中輟復學生到了慈輝班，免費吃住、免學費、免書籍費，讓他們得以繼續完成學業。學校取代部分家庭功能，提供生活照顧。但仍希望原生家庭能提升家庭功能或家庭復原，讓學生盡速回歸溫暖的家庭。

假日時，慈輝班學生由家人接回，因故無法返家的孩子由輔導主任、總務主任、慈輝組長及導師輪值，陪伴他們進行閱讀、康樂、體育、登山等活動。每逢寒、暑假慈輝班也比照學校辦理的課業輔導，為孩子安排假期課程。

小鈞（化名）的爸爸是老榮民，媽媽是新移民。小鈞兩歲時父母離婚，媽媽回原來的國家。老爸爸節儉成性，剩菜一再加熱來吃，後來罹患精神疾病。小鈞乏人照顧、流連網咖，經過中輟通報，由原來就讀的學校轉介來設有慈輝班的國中。除了一般課程外，另有調飲、西點烘焙、美容美髮、電工等技藝課程，利用夜間由專業教師授課。

這類問題需要認真地面對與處理，新北市設有慈輝班的學校有三所（平溪國中、正德國中、雙溪高中），一〇七學年度共招收一〇二名家庭失能而中輟的學生。

除了教學，學校更要關心學生的生活與心理

家庭不能失能，萬一功能不足，學校就要設法彌補。學校不僅是教學的地方，

若不關注學生的生活與心理，就不算完整的教育。以第8章提到殺害「小燈泡」的王嫌來說，他是吸毒慣犯，所以學校要加強反毒宣導，以免學生誤入歧途，還要有其他提振學校功能的具體做法，包括：

1. 激勵行政同仁多關心學生的身心發展：所以學校行政要辦理許多課外活動，邀請教師及家長共同支持與協助，以「團體動力」幫助家庭功能不足的孩子（包括假日及寒暑假）。

2. 激勵教師發揮教育愛：老師要將學生當成自己的子女般關心、指導，老師鼓勵及拉學生一把的力量常超越父母。所以教師節還是要強調報答師恩，使老師感到欣慰而「更有動力」成為好老師。

3. 加強教師輔導之專業能力：對於「低自尊、高自卑」或有家庭、人際關係問題而需要幫助的孩子，老師要有足夠的覺察力及行動力，才能掌握關鍵、及早化解，不要拖延以致擴大問題。教師團隊要形成強大的啦啦隊，滴水不漏的幫助及鼓舞有困難的孩子。有人聽他們講話，讓他們知道自己的亮點與天分，並促進他們的成長與蛻變。

老師應多與高風險家庭建立信任關係，主動親近學生及家長，表達願意傾聽的誠意，包括心理、課業、人際等各方面問題。對於情緒不穩與行為適應不良的學生，可轉介到輔導室進行個別諮商，或參加校內外相關的團體輔導。

對家長亦是如此，除提供相關社會資源，如各地區家庭教育中心、家扶中心、單親家庭福利服務中心等，使家長更快適應之外，學校心理師、社工師或志工可定期電話聯絡，或由輔導室有技巧地舉辦座談會、聯誼會，成立家長互助與成長團體。

我的單親爸爸懂得主動與導師聯絡，並與學校團隊合作，使我們得到更多教育資源，老師關注與鼓舞讓我在學校更有自信及快樂。在此深深感謝我的母校——忠義國小與大寮國中老師們的無私奉獻，偏鄉中小學的成就不在升學率，而是對家境與學業弱勢的孩子「濟弱扶傾」。

大家都很關心教育，包括偏鄉、弱勢家庭、學習扶助等，許多人也投入人力、物力將教育當作希望工程。但我更希望這些改革能由教育工作者帶頭及持續去做，所以二〇一八年我設立了「華人無國界教師學會」。因為教育專業需要經驗與傳承，不只現職老師要努力，退休教師、校長主任、教育志工都可以一起來護持教育弱勢的孩子。

鄭捷、王景玉等這類重大殺人案件之後，更期盼教育部、法務部、衛福部、內政部共同合作，啟動相關研究；結合犯罪學、心理學、教育學等專家，探討罪嫌形成的原因及預防之道，讓家長、老師與相關民間團體能更快掌握關鍵，恢復及強化家庭、學校與社會的功能。要提振家庭功能，具體做法為：

1. 促進家庭和諧：夫妻難免不和，但不一定要爭吵，應注重及學習溝通的技巧。還有其他如婆媳之間、女婿與岳父母之間、姑嫂之間、妯娌之間等問題，為了讓孩子健全成長，也要好好溝通，不可意氣用事，以免使孩子左右為難甚至怨恨某些親人。

2. 多激勵父母：母親節時許多國民中小學會為母親或阿嬤舉行報親恩洗腳的活動，使母親們分外感動，「更有動力」成為好母親。也可仿照母親節報親恩的做法，特別為父親辦理一些活動，激勵父親願意為孩子付出更多時間與心力。

3. 激勵單親與隔代教養：單親與隔代教養的家庭，需要更多有形的社會資源與無形的支持與鼓勵，才能擁有動力與方法成為好家長。若是離婚的家庭，則要用心維繫孩子與未同住之父／母的關係。若組成繼親家庭，則要設法促進孩子與繼親父／母的關係。

我的單親爸爸不是教育專家，他的「結晶智慧」來自無數次嘗試錯誤及挫敗經驗。一個男人怎有辦法拉拔大四個小孩？他充分發揮父愛本能，時時刻刻、全心全意地為兒女著想。爸爸透過與兒女經常「交流」（散步、聊天、談話），了解我們的學業、交友與未來計畫，詢問有什麼問題與困難，然後家人一起思考與互助，共同完成目標。

當年弱小的我們因為爸爸這股「幫助的力量」而挺住了，周遭的老師、鄰居、親友及善心人士受到爸爸的感召也加入「助人的行列」，這才使我們得以成功與自立。

父母成長區

電影：《歡喜城》（印度，一九九二）

片中主角之一為美國醫生麥克斯，因一次手術失敗讓信賴他的病人死亡，使他開始逃避醫生這個職業，於是到印度尋找生命的意義。後來他在加爾各答一個名為歡喜城的貧民區行醫，透過與當地民眾的交往，終於克服了心理障礙。

一般人認為活在社會最底層的人是不可能歡樂的，但其實那裡充滿了愛、支持、尊敬以及分享。雖然被迫擠在非常狹窄的空間，但他們容忍並尊重彼此的差異並相互照顧。在這個大雜院裡，不可避免也有幫派、「教父」的控制。他們是那些貧苦人的「保護者」，但也是剝削者，例如房租、經營地下酒吧、妓院、販賣毒品等。

電影在「歡喜城」實地拍攝，片中另一主角哈撒里帶著妻子和三個孩子離開貧窮的故鄉，到加爾各答尋找新生活。背井離鄉的他還沒有找到住處就被騙光了錢，哈撒里只能到處找工作，但整個社會似乎都處於不景氣狀態，沒有地方願意僱用人手。

初到加爾各答的麥克斯，除了簡單的行李和一張回程機票，身上值錢的東西被流氓洗劫一空，自己還受了重傷躺在路邊，被正巧路過的哈撒里送到「歡喜城」。一位來自美國的女性朱迪，在歡喜城開設一家免費診所，嚴重缺醫少藥讓她常常力不從心。麥克斯的到來讓朱迪有了些許希望，她治好了麥克斯的傷，並懇求他留下來一些日子。

哈撒里一家也搬進歡喜城，哈撒里找到了一份拉車的差事，一家人很滿足這樣的生活。但「教父」去世後，他的兒子阿什卡繼承了車行和歡喜城的房產，他增加車夫的管理費、提高房租，讓歡喜城的人頓時陷入水深火熱之中。哈撒里和所有車夫及住戶一樣，打算選擇屈服和順從。但麥克斯卻鼓勵居民反抗，團結一起摧毀了阿什卡的美夢，捍衛了自己的利益和家園。

診所搬入新址，並開始接收痲瘋病人。阿什卡奪走哈撒里的人力車，但痲瘋病人為他找了一輛舊人力車繼續拉活。哈撒里的女兒即將舉行婚禮，阿什卡要用剃刀刺她的臉，被麥克斯制止。哈撒里將阿什卡狠狠教訓了一頓，還獲得了獎金，哈撒里終於有足夠的錢為女兒準備嫁妝。婚禮上，麥克斯告訴朱迪自己決定繼續留在診所工作，因為他從未像現在這樣充滿朝氣。

附錄

附件一：2012–2019之中低收入戶人數統計

年度	戶數		低收入戶百分比
	低收入	中低收入	
2012	145,613	88,988	1.53
2013	148,590	108,589	1.55

年度	2014		2015		2016	
戶數	低收入	中低收入	低收入	中低收入	低收入	中低收入
	149,958	114,522	146,379	117,686	145,176	119,081
低收入戶百分比	1.53		1.46		1.41	

年度	戶數		低收入戶百分比
	低收入	中低收入	
2017	142,814	117,776	1.35
2018	143,941	115,570	1.32
2019	144,863	115,937	1.29

資料來源：衛生福利部統計處

附件二：《國民中小學九年一貫課程綱要總綱》之「家政」議題內涵

(1)飲　食

1-1-1 察覺食物與健康的關係。
1-1-2 察覺飲食衛生的重要性。
1-1-3 願意與他人分享自己所喜歡的食物。
1-2-1 認識飲食對個人健康與生長發育的影響。
1-2-2 察覺自己的飲食習慣與喜好。
1-2-3 選用有益自己身體健康的食物。
1-2-4 察覺食物在烹調、貯存及加工等情況下的變化。
1-2-5 製作簡易餐點。
1-2-6 了解均衡的飲食並應用於生活中。
1-3-1 比較不同的個人飲食習慣。
1-3-2 了解飲食與人際互動的關係。
1-3-3 接納他人所喜歡的食物。
1-3-4 了解食物在烹調、貯存及加工等情況下的變化。

1–3–5 選擇符合營養且安全衛生的食物。
1–3–6 運用烹調方法，製作簡易餐點。
1–3–7 認識傳統節慶食物與臺灣本土飲食文化。
1–4–1 了解個人的營養需求，設計並規劃合宜的飲食。
1–4–2 選購及製作衛生、安全、營養且符合環保的餐點。
1–4–3 表現良好的飲食行為。
1–4–4 了解並接納異國的飲食文化。

(2)衣　著

2–1–1 關心自己的衣著。
2–1–2 願意分享自己所喜歡的服飾用品。
2–2–1 認識常見的織品。
2–2–2 認識衣著對個人的重要性。
2–2–3 了解自己的穿著習慣與喜好。
2–2–4 養成收拾衣物的習慣。
2–3–1 了解織品與生活的關係。

2-3-2 了解穿著與人際溝通的關係。
2-3-3 表現合宜的穿著。
2-3-4 運用基本手縫技巧，製作簡易生活用品。
2-3-5 了解衣物管理的重要性。
2-4-1 了解織品的基本構成與特性。
2-4-2 具備簡易修補衣物的能力。
2-4-3 結合環保概念管理衣物。
2-4-4 設計、選購及製作簡易生活用品。
2-4-5 欣賞服飾之美。

(3) 生活管理

3-1-1 了解自己所擁有的物品並願意與他人分享。
3-1-2 察覺自己的生活禮儀與習慣。
3-1-3 察覺個人的消費行為。
3-1-4 察覺周遭美化生活的物品。
3-1-5 認識日常生活的用具。

3-2-1 認識我們社會的生活習俗。
3-2-2 察覺自己家庭的生活習慣。
3-2-3 養成良好的生活習慣。
3-2-4 表現合宜的生活禮儀。
3-2-5 認識基本的消費者權利與義務。
3-2-6 認識個人生活中可回收的資源。
3-2-7 製作簡易創意生活用品。
3-2-8 認識生活中的美化活動。
3-3-1 認識臺灣多元族群的傳統與文化。
3-3-2 運用環境保護與資源回收並於生活中實踐。
3-3-3 從事與欣賞美化生活的藝術造型活動。
3-3-4 認識並能運用社區資源。
3-3-5 運用消費知能選購合適的物品。
3-3-6 利用科技蒐集生活相關資訊。
3-4-1 運用生活相關知能，肯定自我與表現自我。

3–4–2 展現合宜的禮儀以建立良好的人際關係。
3–4–3 建立合宜的生活價值觀。
3–4–4 運用資源分析、研判與整合家庭消費資訊，以解決生活問題。
3–4–5 了解有效的資源管理，並應用於生活中。
3–4–6 欣賞多元的生活文化，激發創意、美化生活。
3–4–7 了解並尊重不同國家及族群的生活禮儀。

(4)家　庭

4–1–1 認識家庭的組成分子與稱謂。
4–1–2 察覺自己與家人的溝通方式。
4–2–1 了解個人具有不同的特質。
4–2–2 認識自己與家人在家庭中的角色。
4–2–3 適當地向家人表達自己的需求與情感。
4–2–4 察覺家庭生活與家人關係。
4–2–5 了解參與家庭活動的重要性。
4–3–1 了解家人角色意義及其責任。

4–3–2 運用溝通技巧與家人分享彼此的想法與感受。

4–3–3 探索家庭生活問題及其對個人的影響。

4–3–4 參與家庭活動、家庭共學，增進家人感情。

4–3–5 了解不同的家庭文化。

4–4–1 肯定自己，尊重他人。

4–4–2 運用溝通技巧，促進家庭和諧。

4–4–3 調適個人的家庭角色與其他角色間的衝突。

4–4–4 主動探索家庭與生活中的相關問題，研擬解決問題的可行方案。

4–4–5 參與策劃家人共同參與的活動，增進家人感情。

4–4–6 運用學習型家庭概念於日常生活中。

4–4–7 尊重並接納多元的家庭生活方式與文化。

附件三：《十二年國民基本教育課程綱要總綱》之「家庭教育」議題內涵

1. 基本理念：家庭是每個人出生、成長、茁壯、老年安適的場所，因此人人都希望擁有幸福的家庭，然經營一個幸福及健康的家庭必需要學習，家庭教育提供所有家庭成員、終其一生的各種學習活動，以增進家人關係與家庭功能。在各教育階段的家庭教育課程是提供學生學習建立與經營幸福家庭，達成人人擁有溫暖、關懷、安全、相聚、包容、接納的家庭，進而建立祥和社會的基石。

2. 學習主題與實質內涵

・社會變遷對家庭的影響：了解社會變遷才能因應社會變遷對家庭的影響，在變遷社會下產生家庭韌性。在各教育階段的社會變遷對家庭影響學習主題，宜引導學生了解人口變遷（如少子女化、高齡化等）、跨文化婚姻、全球化、法律、宗教、政策、文化、媒體等如何影響家庭的意涵、型態、功能、發展歷程、因應與調適。

・家人關係與互動：個人的成長與發展，深受家人關係與互動的影響。在各教育階段的家人關係與互動學習主題，可從兒童及少年的親子、手足、隔代間等家人互動倫理關係著手，進而引導學生關懷不同發展階段家人的需求，並展現愛家行動。

・親密關係發展與婚姻預備：幸福家庭必須靠學習，因而引導學生「因為愛而學習、學習讓家人更相愛」是親密關係發展與婚姻預備的重要基石。在各教育階段的親密關係發展與婚姻預備學習主題，宜包含人際互動與親密關係的發展、約會與分手、擇偶、婚姻願景與承諾、為人父母的喜悅與責任等重要議題。

・家庭資源管理與環境永續：家庭資源的管理與運用必須以環境永續發展為前提，在各教育階段的家庭資源管理與環境永續學習主題，可從家庭與資源的開發運用與管理、資源運用與決策歷程出發，繼而探討個人、家庭的消費行為、科技與消費行為，以達成環境永續。

・家庭活動與社區參與：家庭生活與社區息息相關，家庭必須從社區獲取資源，也需要透過社區參與以貢獻資源。在各教育階段的家庭活動與社區參與學習主題，可包括家庭生活管理與經營的意涵、家庭共學活動、家務工作規劃與參與、家庭休閒生活規劃與參與、社區參與與關懷等重要內涵。

3. 融入領域／科目的說明：家庭教育議題可用不同策略融入各領域，特別是綜合活動、社會、語文、健康與體育、數學等領域。

・綜合活動領域：例如涉及運用資源、個人與家庭生活、家人互動關係、愛家行動、婚姻與選擇與經營等學習議題或相關內容時，可將家人關係與互動或親密關係發展與婚姻預備等學習主題融入。

・社會領域：例如涉及人口結構、家庭法律等，可將社會變遷對家庭的影響融入。

・語文領域：例如涉及家庭、家人或選文為主題時，可將家人關係與互動學習主題融入。

‧健康與體育領域：例如涉及個體發展可將個人與家庭發展融入；涉及社區議題時，可將家庭活動與社區參與融入。

‧數學領域：例如涉及收入、利率、成本等議題時，可將家庭儲蓄、記帳等家庭資源管理內涵融入。

附件四：《十二年國民基本教育課程綱要總綱》的十九個議題

家庭教育、性別平等、人權、環境、海洋、品德、生命、法治、科技、資訊、能源、安全、防災、生涯規劃、多元文化、閱讀素養、戶外教育、國際教育、原住民族教育。

附件五：《家庭教育法》（二〇一九年五月修訂）第九條

推展家庭教育之機關、機構、學校、法人及團體如下：

一、家庭教育中心。

二、終身學習機構。

三、各級學校。

四、各類型大眾傳播機構。

五、其他與家庭教育有關之公私立機構、法人或團體。

前項第一款之家庭教育中心主任及工作人員，每年應接受十八小時以上家庭教育專業研習時數。

第一項第二款與第三款之機構及學校之推展家庭教育工作人員，每年應接受四小時以上家庭教育專業研習時數。

第一項第四款及第五款之機構、法人或團體應積極鼓勵所屬之推展家庭教育工作人員，每年定期接受家庭教育專業研習。

附件六：《家庭教育法施行細則》（二〇一二年十一月修訂）第二條

本法第二條用詞，定義如下：

一、親職教育：指增進父母職能之教育活動。

二、子職教育：指增進子女本分之教育活動。

三、性別教育：指增進性別知能之教育活動。

四、婚姻教育：指增進夫妻關係之教育活動。

五、失親教育：指增進因故未能接受父母一方或雙方教養之未成年子女家庭生活知能之教育活動。

六、倫理教育：指增進家族成員相互尊重及關懷之教育活動。

七、家庭資源與管理教育：指增進家庭各類資源運用及管理之教育活動。

參考書目

王美娟譯（2019），樺澤紫苑著。《那些不堪回首的痛苦，都只是增添人生厚度的養分》。東販。

王意中（2016）。《資優生教養的頭痛問題》。寶瓶。

李盈穎（2006）。〈愛的法門：父母要懂得收回一隻手。停、收、等、慢，培養孩子11大能力〉。《商業周刊》第977期。

李順德（2009）。〈薛承泰：提升競爭力，大學生不蹺8點課〉。2月18日，《聯合報》。

兒童福利聯盟網站。2014年弱勢家庭生活現況調查報告。

兒童福利聯盟網站。2019年台灣兒少遭受家長言語暴力經驗調查報告。

林奕含（2017）。《房思琪的初戀樂園》。游擊文化。

林美薰、丁雁琪、劉美淑、江季璇（2004）。《家庭暴力防治工作人員服務手冊》。內政部家庭暴力及性侵害防治委員會。

林煜軒（2020）。〈科普好健康／孩子為何網路遊戲成癮？〉6月20日，《聯合報》。

家扶基金會網站 (2012)。台灣貧窮兒少資料庫——生活趨勢調查報告。
家扶基金會網站 (2018)。兒童保護觀念與態度調查。
袁世珮 (2019)。〈以不了了之的台大學歷，換一生音樂職志的 Leo 王〉。7 月 29 日，《聯合報》。
張美惠譯 (2005)，朱蒂絲．沃勒斯坦等 (Judith S. Wallerstein etc.) 著。《父母離婚後》。張老師。
張婷婷譯 (2016)，荻野淳也等。《最受歡迎的正念課》著。大是。
張富玲、駱香雅譯 (2013)，大前研一著。《教出孩子的生存力：大前研一給父母的 24 個教養忠告》。天下文化。
莊安祺譯 (2012)，威爾．鮑溫 (Will Bowen) 著。《祝你今年快樂》。時報。
許芳菊 (2010)。〈吳季剛母親：栽培他的天賦，也栽培他的視野〉。《親子天下》，19 期。
許恬寧譯 (2019)，史戴芬妮．蘭德 (Stephanie Land) 著。《一個單親女傭的求生之路》。大塊。
陳聖薇譯 (2019)，蘇在沅著。《為愛重生：找尋希望的翅膀》。暖暖書屋。
臺灣精神醫學會譯 (2014)，American Psychiatric Association 著。《精神科診斷準則手冊第

五版》。合記。

劉軒 (2011)。〈怎麼養小孩？從《虎媽的戰歌》看華人母親的兩難〉。3 月 12 日，《聯合報》。

蔡心語譯 (2007)，伯尼．西格爾 (Bernie S. Siegel) 著。《107 招教養孩子的神奇魔法》。久周。

蔡嘉佳 (2016)。《親愛的我 Oh! Dear Me．250 天憂鬱症紀實》。時報。

蔡嘉佳 (2017)。《廢文》。時報。

蔡嫦琪 (2018)。《樂築夢想，成就非凡》。零極限。

錢基蓮譯 (2011)，蔡美兒著。《虎媽的戰歌》。天下文化。

謝孟穎 (2018)。〈為鄭捷辯護巧遇受害者家屬！律師黃致豪：他問我「為什麼」，可惜沒人願意給我們答案……〉。10 月 4 日，風傳媒。

嚴蕙群譯 (2019)，亞當．普萊斯 (Adam Price) 著。《如何叫得動青春期男孩？》。三采。

顧淑馨譯 (2005)，史蒂芬．柯維 (Stephen R. Covey) 著。《與成功有約：高效能人士的七個習慣》。天下。

推薦閱讀

【LIFE系列】

養出有力量的孩子

王理書／著

父母之路，也是修行之路。
回歸到愛的方式，就是最有力量的教養之道。

- 內容為心理學理論的實踐，結合了阿德勒理念的父母效能訓練，以及吉利根的自我關係療法。
- 有別於一般親職書羅列各種有效管教孩子的技巧與方法，本書紀錄作者與孩子的日常故事，親子間的對話有著生命的真實與純粹，發人省思。
- 特別設計親子互動卡，當遇到教養困境時，可依循卡片上的頁碼，翻開書本閱讀，從中汲取靈感。
- 附冥想光碟。

【LIFE系列】

陪孩子走出情緒障礙

臧汝芬／著

您對孩子的情緒問題束手無策嗎？
只要有正確的治療與管教，情緒障礙兒也能快樂長大！

在兒童的心理疾病中，情緒障礙是很常見的一種，卻往往被父母與師長所忽略，以為孩子種種看似不聽話的行為，是故意搗蛋、作對。本書作者依據多年來在兒童心智科的專業看診經驗，以淺顯易懂的文字與案例，帶領父母認識兒童的情緒障礙。書中不僅分析各種情緒障礙兒童常見的症狀，並提供指引與建議，讓父母能及時掌握孩子的情緒問題，引導孩子表達和管理自己的情緒。對於為人父母與教育工作者而言，本書絕對值得一讀！

【養生智慧】

不煩歲月

王淑俐／著

快樂，其實可以很簡單！
改變思考、調整作息，輕鬆跟負面情緒說再見。
笑對人生，迎向不煩歲月！

本書從作者的自身經驗出發，探討熟年世代可能遇到的煩惱，試著找出煩惱的根源與解決的辦法。書中列舉多位樂觀、開朗的熟年典範，他們精彩的生命故事與非凡的情緒管理能力，可作為即將邁入或已邁入熟年世代者的榜樣。希望透過這本書，能夠協助熟年世代的朋友找回快樂的能力，邁向美好愉快的不煩歲月！

國家圖書館出版品預行編目資料

養出孩子的正向力：從心教養，破解親子問題／王淑俐著.——初版一刷.——臺北市：三民，2020
面； 公分.——（Life）

ISBN 978-957-14-6915-7（平裝）
1. 親職教育 2. 親子關係

528.2 109012730

[Life]

養出孩子的正向力：從心教養，破解親子問題

作　　者　王淑俐
責任編輯　周明怡
美術編輯　陳祖馨
插畫設計　胡鈞怡

發 行 人　劉振強
出 版 者　三民書局股份有限公司
地　　址　臺北市復興北路 386 號 (復北門市)
　　　　　臺北市重慶南路一段 61 號 (重南門市)
電　　話　(02)25006600
網　　址　三民網路書店 https://www.sanmin.com.tw

出版日期　初版一刷 2020 年 10 月
書籍編號　S521150
I S B N　978-957-14-6915-7

三民書局